Kerstin Söder

111 Orte in und um Rothenburg ob der Tauber, die man gesehen haben muss

Mit Fotografien von Heinz Wraneschitz

emons:

Bibliografische Information der Deutschen Nationalbibliothek
Die Deutsche Nationalbibliothek verzeichnet diese Publikation
in der Deutschen Nationalbibliografie; detaillierte bibliografische
Daten sind im Internet über http://dnb.d-nb.de abrufbar.

© Emons Verlag GmbH
Alle Rechte vorbehalten
© der Fotografien: Heinz Wraneschitz, außer:
Ort 62: Frank Repsondek; Ort 110: Birgit Huber
© Covermotiv: adobestock/mojolo
Covergestaltung: Karolin Meinert
Lektorat: Jens Dreisbach
Gestaltung: Eva Kraskes, nach einem
Konzept von Lübbeke | Naumann | Thoben
Kartografie: Velovia, www.velovia.bike, Christiane Weidle & Kristof Halasz
Kartenbasisinformationen aus Openstreetmap,
© OpenStreetMap-Mitwirkende, ODbL
Druck und Bindung: CPI – Clausen & Bosse, Leck
Printed in Germany 2024
ISBN 978-3-7408-2068-8

Unser Newsletter informiert Sie
regelmäßig über Neues von emons:
Kostenlos bestellen unter
www.emons-verlag.de

Vorwort

Fränkische Perlen an der Romantischen Straße

Immer wieder erklimmen die Kleinstädte Rothenburg ob der Tauber und Dinkelsbühl höchste Bewertungen auf der Beliebtheitsskala um die schönsten Altstädte in deutschlandweiten Umfragen. Zum einen sind sie allein durch ihre Lage an der Romantischen Straße verkehrstechnisch und touristisch eng miteinander verbunden. Zum anderen ist es das mittelalterliche Ambiente innerhalb der historischen Stadtmauern, das den Besuch so einzigartig macht. Das Buch lenkt den Blick auf viele sehenswerte Details, auf Zusammenhänge und Ähnlichkeiten zwischen diesen beiden fränkischen Perlen.

Wunderschöne Fachwerkhäuser mit liebevollen Details säumen die Gassen, historische Feste wie die Kinderzeche oder die Rothenburger Reichsstadt-Festtage sind weit über die Stadtmauern hinweg bekannt. Steintürme, Wehrgänge, versteckte Durchlässe in der Mauer, schmale Gassen entlang der Stadtmauer lassen sich begehen, während großzügige Marktplätze von Geschäften und Restaurants umgeben sind. Neben den großen Sehenswürdigkeiten gibt es viele kleine, oft versteckte und wenig beachtete Besonderheiten, deren interessanten Geschichten Sie auf den folgenden Seiten begegnen können. Jedoch nicht nur Rothenburg und Dinkelsbühl, auch das zwischen beiden Städtchen liegende kleine Schillingsfürst besitzt erstaunlich viele und außergewöhnliche Orte, die allein einen Reisetag rechtfertigen.

Lebendig, geschichtsträchtig, naturnah, einfach nur schön und erlebnisreich – Besuche in Rothenburg, Dinkelsbühl und Umgebung lassen sich abwechslungsreich gestalten. Viel Spaß!

111 Orte

1___ Das Fingerhutmuseum | Creglingen
Klein und fein erspart der Nadel Pein | 10

2___ Der Lindleinturm | Creglingen
Vom einfachen Leben einer Turmbesitzerin | 12

3___ Die Arche Noah | Dinkelsbühl
Die grüne Oase vor den Mauern der Stadt | 14

4___ Art + Farbe im alten Bauhof | Dinkelsbühl
Freiraum für die Kunst | 16

5___ Das Brezelfenster | Dinkelsbühl
Augenzwinkernd wird die Macht demonstriert | 18

6___ Das Café Teatime | Dinkelsbühl
120 Teesorten und syrischer Orangenkuchen | 20

7___ Christoph von Schmid | Dinkelsbühl
Ein Weihnachtslied geht um die Welt | 22

8___ Der Dinkelbauer | Dinkelsbühl
Wie kamen die Dinkelähren ins Stadtwappen? | 24

9___ Die Dreikönigskapelle | Dinkelsbühl
Wo die Legende schöner ist als die Wirklichkeit | 26

10___ Die Genuss-Bistros | Dinkelsbühl
Zweifach himmlisch: DaVo und Gourmetraum | 28

11___ Die Glocke im Berlinsturm | Dinkelsbühl
Was hat ein Wachturm mit Siebenbürgen zu tun? | 30

12___ Das Gradierwerk | Dinkelsbühl
Salz liegt in der Luft | 32

13___ Die Kaffeerösterei | Dinkelsbühl
Mal eben zum Kaffeemeister um die Ecke | 34

14___ Der Karpfen | Dinkelsbühl
Was hat der Blausieder mit Karpfen zu tun? | 36

15___ Das Kellergewölbe | Dinkelsbühl
Wo Schadenszauber und Teufelsmale den Tod brachten | 38

16___ Die Kinderlore | Dinkelsbühl
Kinder, Kinder! | 40

17___ Das Kinderzech-Zeughaus | Dinkelsbühl
Ledersandale und Soldatenschwert unter einem Dach | 42

18___ Der Kräutergarten | Dinkelsbühl
Botanische Geschichte auf engstem Raum | 44

19 Die Kunst-O-Nauten | Dinkelsbühl
Eine Zigarettenschachtel voller Kunst | 46

20 Die Landmark | Dinkelsbühl
Auf Schusters Rappen entlang der Fraischgrenze | 48

21 Die Maßschneiderei Kleiderstolz | Dinkelsbühl
Alle Macht der Tracht | 50

22 Die Handwerkerstadt | Dinkelsbühl
Wie Handwerk und Märkte zum Wohlstand führten | 52

23 Das Museum 3. Dimension | Dinkelsbühl
Nichts scheint zu sein, wie es scheint | 54

24 Die Nudelmanufaktur | Dinkelsbühl
Vom durchgedrehten Teig zur frischen Nudel | 56

25 Der Radl-Servicestützpunkt | Dinkelsbühl
Wo E- und Echtradler willkommen sind | 58

26 Der Rosengarten | Dinkelsbühl
Bezauberndes Erbe einer Landesgartenschau | 60

27 Der Rundweg Dreißigjähriger Krieg | Dinkelsbühl
30 Jahre Elend auf drei Kilometern | 62

28 Der Russelberg | Dinkelsbühl
Wo ein Mauerdurchlass mit Vogelperspektive lockt | 64

29 Die Schneckennudel | Dinkelsbühl
Das Festgebäck für Kinderhände | 66

30 Die Töpferei am Tor | Dinkelsbühl
Teller, Tassen, Eierbecher – so schmeckt's besser! | 68

31 Das Wörnitzstrandbad | Dinkelsbühl
Mit den Fischlein im naturtrüben Badegenuss | 70

32 Das Wooligang | Dinkelsbühl
Abfall ist der neue Wertstoff! | 72

33 Der Grafenmichelhof | Dinkelsbühl-Oberwinstetten
Wo's die fränkische Pizza gibt | 74

34 Der Friedhof | Dinkelsbühl-Segringen
Im Tod sind alle gleich | 76

35 Summer Breeze | Dinkelsbühl-Sinbronn
Wenn Blasmusik auf Metal-Power trifft | 78

36 Die Wallfahrtskirche | Dinkelsbühl-Ulrichshöhe
Eine Kapelle am Grenzweg | 80

37 Die Drehorgelmanufaktur | Dinkelsbühl-Waldeck
Wo man in Jahrmarktsklängen schwelgen kann | 82

38 Die Nachtwächter | Dinkelsbühl/Rothenburg ob der Tauber
Zum Garaus des Tages geht's durch die Mannpforte | 84

39___ Die Parkplatzfrage | Dinkelsbühl / Rothenburg ob der Tauber
Vom Glück der Brötchentaste und engen Stadttoren | 86

40___ Die Stadtmauern | Dinkelsbühl / Rothenburg ob der Tauber
Alles aus Stein: Tore, Türme, Mauerwege | 88

41___ Die Mammutbäume | Ellenberg
Wie eine Fehlbestellung unsere Wälder bereichert | 90

42___ Der Waldentdeckerpfad Schindersklinge | Ellenberg
Durch den Wald zu Murmelbahn und Baumspechten | 92

43___ Das Drehfunkfeuer | Kreßberg
Wo Flugzeuge mit der Erde Kontakt aufnehmen | 94

44___ Das Schloss Tempelhof | Kreßberg
Anders leben mit Hofladen und -café | 96

45___ Die Adler | Rothenburg ob der Tauber
Auf den Spuren einer stolzen Vogelfamilie | 98

46___ Das Baumeisterhaus | Rothenburg ob der Tauber
Ein moralisches Gewissen im Zentrum der Stadt | 100

47___ Der Biergarten Bronnenmühle | Rothenburg ob der Tauber
Rothenburgs lauschigstes Plätzchen im Grünen | 102

48___ Die Bonbon-Manufaktur | Rothenburg ob der Tauber
Wo Zucker kocht und Bonbons geknetet werden | 104

49___ Die Burg | Rothenburg ob der Tauber
Wohin verschwand die Stauferburg? | 106

50___ Der Burggarten | Rothenburg ob der Tauber
Wo aus der alten Burg ein grünes Paradies wurde | 108

51___ Das Burghotel | Rothenburg ob der Tauber
Wo Gastlichkeit mit Kanonen verteidigt wird | 110

52___ Das Café einzigARTig | Rothenburg ob der Tauber
Kaffee für den Genuss & Mobiliar to go | 112

53___ Das Café Lebenslust | Rothenburg ob der Tauber
Sehnsuchtsort & Eventlocation | 114

54___ Der Campus | Rothenburg ob der Tauber
Zwei Studiengänge und eine Grundschulglocke | 116

55___ Das Dominikanerinnenkloster | Rothenburg ob der Tauber
Vom Essen durch die Wand und dem heiligen Veit | 118

56___ Die Engelsburg | Rothenburg ob der Tauber
Hier lebten Kelten und flogen Skispringer | 120

57___ Die Engelsquelle | Rothenburg ob der Tauber
Eine Quelle als ehemaliges Party-Highlight | 122

58___ Die Eselsbrücke | Rothenburg ob der Tauber
Ein Denkmal für die Lastenträger | 124

59 Die Franziskanerkirche | Rothenburg ob der Tauber
Der Lettner als Relikt einer Klostergeschichte | 126

60 Der geodätische Referenzpunkt | Rothenburg ob der Tauber
Satellitenkontakt an der Stadtmauer | 128

61 Die gezähmte Tauber | Rothenburg ob der Tauber
Sanftes Plätschern auf 130 Kilometern | 130

62 Die Gitarrenwerkstatt | Rothenburg ob der Tauber
Gut wird's, wenn alles gemeinsam schwingt | 132

63 Die Glasfenster der Franziskanerkirche | Rothenburg ob der Tauber
Der Sonnengesang im gläsernen Lichterspiel | 134

64 Das Grafikmuseum | Rothenburg ob der Tauber
Wo Kunst und Ideen zwischen grünen Wänden leben | 136

65 Das Handwerkerhaus | Rothenburg ob der Tauber
Kopf einziehen und gebückt durchs Gebälk | 138

66 Das Haus des Spitalbereiters | Rothenburg ob der Tauber
Ein Leben unter falschem Namen | 140

67 Der Heilig-Blut-Altar in Sankt Jakob | Rothenburg ob der Tauber
Ein versteckter Fingerzeig mit Blickkontakt | 142

68 Das Hühnerwunder | Rothenburg ob der Tauber
Wo die Jakobsmuschel Brathähnchen lebendig macht | 144

69 Das Hybrid-Hotel »Alter Ego« | Rothenburg ob der Tauber
Smart und digital von Bar bis Badewanne | 146

70 Der Klingenturm | Rothenburg ob der Tauber
Wie kam das Wasser in die Stadtbrunnen? | 148

71 Die Kneippanlage | Rothenburg ob der Tauber
Kühle Füße an heißen Tagen | 150

72 Die Kunst im Wildbad | Rothenburg ob der Tauber
Was ist denn DAS?! | 152

73 Die Landhege | Rothenburg ob der Tauber
Eine grüne Grenze für den Hegereiter | 154

74 Leonhard Weidmann | Rothenburg ob der Tauber
Der schwebende Atlant mit Blick für die Ewigkeit | 156

75 Maria Staudacher | Rothenburg ob der Tauber
Ein Frauenleben als Zeitzeugnis | 158

76 Die Minerva | Rothenburg ob der Tauber
Ein Spiegelblick in die Menschenseele | 160

77 Die mittelalterlichen Längenmaße | Rothenburg ob der Tauber
Von Handspannen, Ellen, Füßen und Ruten | 162

78 Die Oldtimer-Tour | Rothenburg ob der Tauber
Statt Pferdeäpfel abgasfreier Elektroantrieb | 164

79 — Pax intrantibus, salus exeuntibus | Rothenburg ob der Tauber
Wie ein lateinischer Gruß Japan erreichte | 166

80 — Das Pfarrgärtle Sankt Jakob | Rothenburg ob der Tauber
Ein Augentrost zwischen Schaufenster und Pflasterstein | 168

81 — Das Rabbi-Meir-Gärtchen | Rothenburg ob der Tauber
Ein Leben für jüdische Weisheit und Lehre | 170

82 — Die Rossmühle | Rothenburg ob der Tauber
Wie eine wasserlose Mühle das Überleben sicherte | 172

83 — Der Schäfertanz | Rothenburg ob der Tauber
Hüpfen und Springen, wenn der Pfiff erklingt | 174

84 — Die Schneeballen | Rothenburg ob der Tauber
Das Traditionsgebäck für alle Jahreszeiten | 176

85 — Die Sonnenuhr am Volksbad | Rothenburg ob der Tauber
Ein Zeitmesser für traurige Stunden | 178

86 — Die Spitalkirche | Rothenburg ob der Tauber
Die geheime Heimat der Einhörner | 180

87 — Die städtische Tierwelt | Rothenburg ob der Tauber
Unterwegs auf Spuren der geheimen Haus-Tier-Welten | 182

88 — Die Stauferstele | Rothenburg ob der Tauber
Wo alte Säulen an ein früheres Reich erinnern | 184

89 — Die Stöberleinsbühne | Rothenburg ob der Tauber
Vorhang auf: die Freilichtbühne an der Stadtmauer | 186

90 — Die Taubermühlen | Rothenburg ob der Tauber
Florierende Wirtschaft dank des Wassers Lauf | 188

91 — Die Trinkstube »Zur Höll« | Rothenburg ob der Tauber
Wo der Teufel seinen Wein kredenzt | 190

92 — Die Waffenkammer | Rothenburg ob der Tauber
Hier kommen Mittelalterfans auf ihre Kosten | 192

93 — Die Wappensteine | Rothenburg ob der Tauber
Geheimsprache an Häuserwänden | 194

94 — Der Weltladen | Rothenburg ob der Tauber
Das Plönlein als Botschafter für fairen Welthandel | 196

95 — Die Wolfgangskirche | Rothenburg ob der Tauber
Zu den Wehrgängen geht´s am Altar vorbei | 198

96 — Meistertrunk und Kinderzeche | Rothenburg ob der Tauber / Dinkelsbühl
Heiße Sohlen, raue Gesellen und historisches Treiben | 200

97 — Die Brennerei Frankenhöhe | Schillingsfürst
Von Flaschengeistern und Hochprozentigem | 202

98 — Das Franz-von-Liszt-Denkmal | Schillingsfürst
Die Kirche, der Adel und ein Musiker | 204

99 — Der Gasthof Adler | Schillingsfürst
Frühere Asylstätte für Zornige und hitzige Gemüter | 206

100 — Der Jagdfalkenhof | Schillingsfürst
Zu Besuch im Revier der Greifvögel | 208

101 — Der Kardinalsgarten | Schillingsfürst
Hochzeitsbäume, Grabstätten und Liszt-Denkmal | 210

102 — Der Karikaturist Haitzinger | Schillingsfürst
Gesellschaftskritik mit Farbe und Humor | 212

103 — Der Kräuterlehrgarten | Schillingsfürst
Die Zwiebel am Ohr und das Kraut in der Suppe | 214

104 — Die Malerin Waltraud Beck | Schillingsfürst
Feministische Pionierin in Mittelfranken | 216

105 — Das meisterliche Retabel | Schillingsfürst
Vom Dachbodenfund zum Meisterwerk | 218

106 — Das Museum der Fremdenlegion | Schillingsfürst
Einziges Exil-Museum der französischen Kampftruppe | 220

107 — Der Stupfler | Schillingsfürst
Ein Denkmal für den Igeljäger | 222

108 — Der Wasserturm | Schillingsfürst
Ein Leuchtturm als Wasserreservoir | 224

109 — Die Wörnitzquelle | Schillingsfürst
Zielstrebig: 132 Wasserkilometer bis zur Donau | 226

110 — Das Kunstatelier | Wilburgstetten-Greiselbach
Lass Kunst in dein Leben und gib ihr Raum! | 228

111 — Die Holzkamm-Manufaktur | Windelsbach
Mit 20 Handgriffen zu 100 Bürstenstrichen | 230

1 Das Fingerhutmuseum
Klein und fein erspart der Nadel Pein

Auf welchem Finger sitzt der Fingerhut? Kaum einer weiß es noch. Und doch gehörte dieser kleine Fingerschutz einst zu den wichtigen Alltagsdingen. Als die heilige Hildegard von Bingen 1150 ins Kloster eintrat, wurde als Teil ihrer mitgebrachten Aussteuer auch ihr Fingerhut erwähnt. Die Zeiten ändern sich …

Dieses besondere Museum für ein in Vergessenheit geratendes Nähutensil wird seit 1982 von der Familie Greif betrieben. Der damals metallverarbeitende Großvater bekam eine außergewöhnliche Fingerhutsammlung geschenkt. Warum nicht selbst einmal Fingerhüte herstellen? So entstanden Motivserien zum Untergang der »Titanic« oder zur Erinnerung an die Automobilentwicklung von Daimler und Benz.

Wahre Kostbarkeiten sind in den Vitrinen zu entdecken. Zierten rein dekorative Stücke aus Perlmutt oder Porzellan die feinen, adeligen Nähkästchen, so wurden Steinzeit-Fingerlinge noch eher grob aus Knochen gefertigt. Manche Fingerhüte erzählen kunstvoll eingearbeitete Geschichten, liebevoll verziert und mit Edelsteinen geschmückt. Ein wahres Fingerhutgehänge schmückte seine afrikanische Trägerin, und in manchem Holzhut war ein winziges Guckloch eingearbeitet, das bei Bedarf als Vergrößerungsglas eingesetzt werden konnte. Es gibt Fingerhüte aus vielen Ländern dieser Erde, aus dem Iran, der Türkei, Indien, Thailand, Burma oder Finnland. Ob aus Holz, Knochen, Bronze oder Porzellan – keiner ist wie der andere. Der Fingerhut als grenzüberschreitendes Kulturgut. Seine Herstellung war eine Kunst und die handwerkliche Fähigkeit dafür oft ein Geheimnis, das selten preisgegeben wurde. In Nürnberg etablierte sich um 1500 das Fingerhuthandwerk. Mit der Entwicklung der Nähmaschine und ihrer zunehmenden Präsenz in der Industrie und den Haushalten begann der Rückgang der Fingerhutproduktion. Und so wissen nur noch wenige, dass der Fingerhut am Mittelfinger getragen wird.

Adresse Kohlesmühle, 97993 Creglingen, Tel. 07933/370, www.fingerhutmuseum.de, Kontakt: Isgard Greif | Anfahrt A 7, Ausfahrt Uffenheim-Langensteinach, Richtung Creglingen, dort von der Rothenburger Straße über die Riemenschneiderbrücke etwa einen Kilometer zur Kohlesmühle fahren | Öffnungszeiten nur nach Voranmeldung, Pauschalpreis bis zehn Personen: 25 Euro inklusive Führung; Sonderöffnungszeiten Pfingsten Sa–Mo, genaue Zeiten und Eintritt bitte vorab erfragen | Tipp Ausgefallenen Schmuck gibt es in der Goldschmiede www.greifenkunst.de. Sehenswert ist die nahe Herrgottskirche mit dem berühmten Marienaltar des Würzburger Bildhauers Tilman Riemenschneider.

Einer der ersten Fingerhüte, die Johann Ferdinand Gabler fertigte um 1825 mit seinem Stempelzeichen FG

2 Der Lindleinturm

Vom einfachen Leben einer Turmbesitzerin

Dieser Turm ist das Gegenkonzept zur Wohnraumverschwendung. Auch wenn es erst einmal sprachlos macht, wenn man nach der steilen Treppe die Wohnräume betritt. Es ist sehr eng. Und sehr schmal. Und sehr einfach. Aber definiv bis in die 1990er Jahre aktiv genutzter Wohn- und Lebensraum. Margarete Böttinger erwarb den Turm 1927. Als uneheliches Kind einer unehelichen Mutter hatte sie in dieser Zeit wenige Chancen, aber die nutzte sie mit der ihr eigenen Klugheit. Ihr Eigentum vermachte sie der Stadt mit der Auflage, rein gar nichts in den Räumen zu verändern.

Dadurch taucht man in diesen winzigen Räumen ohne Vorwarnung in ein fremdes Leben ein. Bescheidenheit überall, sparsam wurde alles geflickt und aufbewahrt. Steile Treppen führen zu zwei Zimmern und einer Küche, hinter einer Tapetentür das original erhaltene stille Örtchen. Auf wenigen Metern steht im Zwischenstock der überschaubare Kleiderschrank. Alles praktisch, funktional und komprimiert auf wenig Raum. Die gewalzte Tapete ist mit Katzen- und Blumenbildern dekoriert, eingemachte Gurken aus den 1960er Jahren stehen auf dem Treppenbord. Wie ein Schatz steht der Weihnachtsbaum in der guten Stube, die nur an Festtagen von Pfarrer und Bürgermeister betreten wurde. Töpfe, Kellen, Pfannen und Schüsseln sind sauber aufgeräumt, als kleiner Luxus ist ein drehbares Waffeleisen im Holzherd eingebaut.

Während des Dreißigjährigen Kriegs war der Turm Teil der spätmittelalterlichen Befestigungsanlage der Stadt Creglingen. Erst später, 1795, setzte der Eigentümer ein »Wohnhäuslein« auf den schmalen Steinsockel. Seit 1999 ist der Turm ein Mini-Museum und könnte in seiner minimalen Quadratmeterfläche Vorbild für die Tiny-House-Bewegung sein. Für eine hart arbeitende Tagelöhnerin, die von der Gesellschaft nicht unbedingt geliebt wurde, ist der Lindleinturm eine enorme Lebensleistung und uns ein wertvolles Erbe.

Adresse Stadtgraben 12, 97993 Creglingen | Anfahrt A 7, Ausfahrt Uffenheim-Langensteinach, Richtung Bad Mergentheim, bei Creglingen von der Rothenburger Straße über die Riemenschneiderbrücke fahren, erst in die Kreuzstraße und gleich in den Stadtgraben abbiegen | Öffnungszeiten nur mit Führung für maximal sechs Personen, Sa–So 10–12 Uhr und 14–17 Uhr, Winterpause: 1. Nov–Ostersonntag, Eintritt 4 Euro, Kinder bis 10 Jahre frei; Ansprechpartner Herrn Grieser, Tel. 07933/7241, oder Touristinfo, Tel. 07933/631 | Tipp Wer mit Kindern unterwegs ist, anschließend zum Freizeitgebiet Münstersee weiterfahren. Supertolles Schwimm- und Planschvergnügen für den Rest des Tages.

3 Die Arche Noah
Die grüne Oase vor den Mauern der Stadt

So mächtig die Dinkelsbühler Stadtmauer ist, so durchlässig ist sie auch. Nimmt man den richtigen Fußgängerdurchlass, lässt man ganz schnell die gepflasterten Gassen hinter sich und steht mitten in der Natur. Eine Maueröffnung führt zwischen dem Weißen Turm und dem Haymersturm zuerst in den Kräutergarten, von dort über eine Brücke zum Arche-Noah-Naturgarten in den Stadtgraben. Am besten gleich mal die Schuhe ausziehen, das Gras kitzeln lassen und die Empfindsamkeit der Fußsohlen auf dem Barfußpfad testen. Mächtige Walnussbäume und verschiedene Obstbäume werfen ihre Schatten, was gerade im Sommer sehr angenehm ist. Von den Ruhebänken aus haben Eltern ihre Kinder stets im Blick, wenn diese auf Entdeckungsreise gehen.

Pflanzen, Insekten, Heckenbewohner und Vögel können entdeckt und beobachtet werden, im Insektenhotel, den blühenden Obstbäumen oder auf den reifen Früchten im Spätsommer. Eine Kräuterspirale verteilt durch das Reiben der Blätter die Düfte bekannter Küchenkräuter, und Flüstertelefone schicken Botschaften von einem Versteck zum anderen. Mit Lichtspielen und Sonneneinfall lässt sich an einem Prisma experimentieren, während an großen Holzröhren die Hörfähigkeit gefragt ist. Man kann Tierspuren entdecken und die eigene Beweglichkeit am Balancierbalken testen. Die Wagemutigen stellen sich mit vollem Körpereinsatz auf die Pirouetten-Drehscheibe und schrauben voller Wonne die Geschwindigkeit hoch.

Die Arche Noah ist zu jeder Jahreszeit ein Treffpunkt der Generationen. Direkt an der Stadtmauer lässt sich vom ersten Blatt bis zum bunt gefärbten Herbstlaub der Jahreskreis erleben, im Winter verbreitet die Ruhe der kahlen Bäume und Sträucher ihre ganz eigene Schwermut. Mit den Eindrücken aus dem Gartenpark sucht man sich den nächsten Mauerdurchschlupf, atmet tief durch und ist zurück im Gemisch von Stimmengewirr, Kaffeeduft und Stadtbesuchern.

Adresse Am Jörgensteig, zwischen Altstadt und Grundschule vor der Stadtmauer; jederzeit zugängige Naturlandschaft, bedingt barrierefrei | **Anfahrt** Parkplatz P3 Alte Promenade, Richtung Schulzentrum laufen | **Tipp** Zeit mitbringen und ruhige Abendstunden vor der Stadtmauer oder im nahen Kräutergarten genießen.

DINKELSBÜHL

4 Art + Farbe im alten Bauhof
Freiraum für die Kunst

Die Kunst der Malerei hat eine lange Tradition in Dinkelsbühl. Mitte des 19. Jahrhunderts wurde das besondere Flair der Mittelalterstadt von Absolventen der Akademie der Künste aus München entdeckt. Die Kunstschaffenden etablierten sich damals im Gasthaus »Weißes Roß«, das heute noch den Schriftzug »Malerheim« auf seiner Fassade trägt. Lange Jahre war es auch das Domizil der Künstlergruppe Art + Farbe, bis sie vor einigen Jahren in Räume des alten Bauhofs umziehen konnte. Nach einigen Sanierungen und Ausbauaktionen werden die Räume nun gemeinsam für Workshops und Ausstellungen genutzt. Die große, fast kreisrunde Zufahrtfläche vermittelt eine angenehme Weite und wird bei Bedarf einfach in das Geschehen integriert. Immer wieder kommen Spaziergänger vorbei und es ergeben sich unkomplizierte Gesprächsmomente. Kunst will öffnen und ermutigen, ganz nach dem Rat von Henry van Dyke, den die Gruppe auf ihrer Internetseite zitiert: »Nutze die Talente, die Du hast. Die Wälder wären sehr still, wenn nur die begabtesten Vögel sängen.«

So vielfältig die künstlerischen Werkprozesse sind, so unterschiedlich sind die Menschen, die sich zusammengeschlossen haben. Und gerade das macht den Reiz der Gruppe aus. Die Stile reichen vom Abstrakten bis hin zum fast Fotografisch-Gegenständlichen, Pastellkreiden und Kohle haben genauso ihren Platz wie Ölmalerei, Druck und Fotografie. Durch die Fenster kann man jederzeit einen Blick auf aktuelle Werkstücke werfen. Sind die Türen geöffnet, herrscht eine angenehme Atmosphäre des konzentrierten Arbeitens, fröhlicher Gespräche oder angeregter Diskussionen.

Derzeit 13 freie Künstler prägen und beleben den alten Bauhof mit ihrer kreativen Vielfalt. Ein schmaler Weg führt am Bauhof vorbei zum Faul- oder Märchenturm. Einige Treppenstufen abwärts steht man im Grüngürtel der Stadt vor der Statue der Kinderlore.

Adresse Alter Bauhof, Dr.-Martin-Luther-Straße 29, 91550 Dinkelsbühl, www.art-und-farbe.de | **Anfahrt** Parkplatz P4 Bleiche, durch das Rothenburger Tor nordwestlich die Obere Schmiedgasse hochlaufen | **Öffnungszeiten** geöffnet für Workshops oder in Anwesenheit eines Mitglieds der Künstlergruppe | **Tipp** Der kleine Durchgang an der Stadtmauer ist ausgesprochen romantisch und für Hochzeitspaare ein sehr beliebtes Fotomotiv. | Bilder im Hintergrund von Klaus Biliczky, www.biliczky.de

5 Das Brezelfenster
Augenzwinkernd wird die Macht demonstriert

Kirche ist immer auch ein wenig politisch, im Mittelalter nicht anders als heutzutage. Das gilt auch für das prächtige Münster Sankt Georg. So eindrucksvoll es von innen wirkt, so machtvoll wirkt es nach außen. Das Licht kommt durch 26 Maßwerkfenster, von denen keins dem anderen gleicht. Bis auf die Fenster über den Seitenportalen sind sie fast 2,50 Meter breit und enden mit 14,50 Meter Höhe in gotischen Spitzbögen. Im südlichen Chorfenster gibt es einen besonders interessanten Bogen. Es ist keine Täuschung, hier zeigen tatsächlich Brezen zum Himmel. Die unteren vier Brezen sind jeweils in zwei große Brezenformen eingefügt, die beiden oberen in das Halbrund des Spitzbogens. Wer genau hinschaut, erkennt sogar den Daumenabdruck auf den Teigenden. Über den Brezen zeigen sich zwei Werkzeuge: ein gebogener Hammer und ein Zirkel. Der Böttcher fertigte im Mittelalter Backtröge und Holzgeräte für die Bäcker. Zwei Zunftzeichen am Münster? Das kann kein Zufall sein.

Ist es auch nicht. Der Handwerkeraufstand gegen die in Dinkelsbühl herrschenden Patrizier im Jahr 1387 erzwang eine neue Stadtverfassung. Dinkelsbühl wurde zur reichsstädtischen Republik, Bürger- und Handwerksvertreter aus den sechs ansässigen Zünften lenkten fortan, zusammen mit den Patriziern, die Geschicke der Stadt. Der Wohlstand resultierte aus den Gütern der Stadt und dem Handwerksgeschick, besonders Tuchherstellung und Schmiedekunst waren gefragt und wurden nach Nürnberg, Nördlingen und Frankfurt verkauft.

In den Jahren 1448 bis 1499 wurde das Münster Sankt Georg gebaut, eine der schönsten spätgotischen Hallenkirchen Süddeutschlands. Da sich Rathaus und Chorfenster damals gegenüberstanden, wurde der innere Rat der Stadt bei Entscheidungen stets machtvolldezent daran erinnert, dass die Zünfte ein Wörtchen mitzusprechen hatten und stadtpolitisch den Patrizierfamilien gleichgestellt waren.

Adresse Marktplatz, 91550 Dinkelsbühl | **Anfahrt** Parkplatz P1 Schwedenwiese, zum Münster laufen | **Öffnungszeiten** Sommer 9–19 Uhr, Winter 9–17 Uhr, Kirchenführungen auf Anfrage möglich | **Tipp** Direkte Sicht auf die Fenster bekommt man durch ein Guckrohr im Goldenen Raum im »Haus der Geschichte«, Touristen-Info, Altrathausplatz 14.

DINKELSBÜHL

6 Das Café Teatime
120 Teesorten und syrischer Orangenkuchen

Etwas abseits vom Haupttrubel in einem Eckhaus am Ende der Turmgasse führten schon die Urgroßeltern ihren Bäckerladen. Weitere zwei Generationen blieben dem Bäckerhandwerk treu und ließen morgens den Duft vom in der Nacht gebackenen Brot zuverlässig durch die Gassen ziehen. Das ist lange her. Längst wurde das Eckhaus der heutigen Zeit angepasst, ein Teeladen ist entstanden, aber zumindest die Front des Backofens blieb erhalten. Sie dient als dekorative Wandgestaltung der heutigen Teestube, wo sich regelmäßig Auszeitnehmende an die kleinen Tische setzen und den Alltag Alltag sein lassen.

Denn gebacken wird: Jeden Tag liegen in der Ladentheke – übrigens auch ein Überbleibsel der alten Backstube – frische Kuchenspezialitäten und raffiniertes Kleingebäck. Voller Leidenschaft lebt Cornelia Anders seit 40 Jahren ihre Backbegeisterung, hütet einen gewaltigen Schatz an Backbüchern und lässt sich immer noch zu neuen Kuchenkreationen hinreißen. Vermutlich schwebt der alte Bäckergeist noch immer durch das Haus und freut sich über das Treiben der Urenkelin.

So kuschelig und gemütlich der kleine Teeraum bei kaltem Wetter auch ist, umso schöner ist der Außenbereich im Sommer. Von Grünpflanzen eingerahmt sitzt man wenige Meter abseits von Hauptstraße und Touristengruppen, entspannt ins Gespräch vertieft und nah dran am Dinkelsbühler Alltagsleben. Kaffeetrinker müssen keine Angst vor den rund 120 Teesorten haben, klassische Kaffee- und Milchvarianten stehen ebenfalls auf der Karte. Geheimtipp von Frau Anders ist besonders im Herbst und Winter der fruchtig-kräftig und exotisch herb-süß duftende Orangentee. Kombiniert mit einem saftig-lockeren Orangenkuchen haben Schmuddelwetter und Trübsinn garantiert keine Chance mehr. Für den Heimweg oder als Mitbringsel noch ein paar der köstlichen Pralinen eingepackt – so lässt sich das Leben wunderbar aushalten.

Adresse Turmgasse 13, 91550 Dinkelsbühl, Tel. 09851/5822239, www.teatime-dinkelsbuehl.de | **Anfahrt** außerhalb parken und zum Marktplatz, dann in südwestliche Richtung zum Ende der Turmgasse laufen | **Öffnungszeiten** Di – Sa 9 – 18 Uhr, So 13 – 18 Uhr | **Tipp** Daneben liegt die Schneiderei »Samt & Seide« von Monika Küfner. Manchmal dekorieren Näharbeiten das Café, häufiger jedoch sieht man die Schwestern gemeinsam hinter der Theke stehen.

7 Christoph von Schmid
Ein Weihnachtslied geht um die Welt

»Ihr Kinderlein kommet, o kommet doch all'. Zur Krippe her kommet in Bethlehems Stall. Und seht, was in dieser hochheiligen Nacht. Der Vater im Himmel für Freude uns macht.« Wer kennt es nicht? In seiner einfachen, klaren Sprache wurde es eines der zeitlosesten und bekanntesten Weihnachtslieder überhaupt. Damit die Erinnerung an den Autor nicht verloren geht, wurde ihm am Marktplatz ein Denkmal gesetzt. Er war eins von acht Kindern, trug den Namen Johann Nepomuk Christoph Friedrich Schmid und wurde am 15. August 1768 in der Dinkelsbühler Klostergasse 19 geboren, wo heute noch sein Geburtshaus steht. Nach einem Philosophie- und Theologiestudium wurde er zum Priester geweiht und arbeitete unter anderem als Seelsorger und Pädagoge. Durch seine einfache Sprache erreichte er die Menschen, seine Gedichte und Geschichten waren auch für die oft hart arbeitenden und weniger gebildeten Menschen verständlich. Liebevoll verpackte er christliche Werte und Lebensweisheiten in ansprechende kleine Geschichten, die Eltern ihren Kindern erzählen konnten, und gab ihnen so pädagogische Erziehungshelfer an die Hand. Schmids Werke wie »Genovefa« (1810) und »Ostereyer« (1816) waren sozusagen die Vorreiter von Conni & Co. Für neun oder zwölf Kreutzer konnte sich jeder seine Büchlein leisten. 1829 wurde das Gedicht »Die Kinder bey der Krippe« mit einer Melodie des Komponisten Johann Abraham Peter Schulz (1747–1800) zusammengefügt, das heutige Weihnachtslied war geboren. Durch Liederbuchsammlungen und die heimatliche Erinnerung vieler Auswanderer gelangte dieses kleine Lied mit der einfachen Melodie in fast alle Länder unserer Erde. Die Originalhandschrift des Liedtextes wird in der Staats- und Stadtbibliothek Augsburg aufbewahrt.

Vor Begeisterung hat Dinkelsbühl seinem Pädagogen und Theologen gleich vier Schmidgassen gewidmet: eine Obere und Untere sowie zwei Mittlere.

Adresse Statue neben dem Münster Sankt Georg, 91555 Dinkelsbühl | **Anfahrt** Parkplatz P1, zum Münster laufen | **Tipp** Neben dem Denkmal steht ein Trinkbrunnen, zehn Meter weiter Café und Eisdiele. Im Haus der Geschichte, Altrathausplatz 14, gibt es detaillierte Einblicke in das Leben des Christoph von Schmid.

8 Der Dinkelbauer
Wie kamen die Dinkelähren ins Stadtwappen?

Irgendwann begegnet jeder in Dinkelsbühl einer kleinen, etwas merkwürdig anmutenden Figur mit Hut, Bart und über die Knie gehenden, breiten Stiefeln. Das Bäuerlein mit seiner eigenwilligen Tracht ist häufig auf Wappen, Hausfassaden, Bildern und einfach überall zu finden. Mit Sichel oder Pflugschar und einer Garbe Dinkelähren im Arm wird er gern als Namensgeber der Stadt verstanden. Dinkel wurde früher sehr viel angebaut, und die Endung »-bühl« im Namen Dinkelsbühl leitet sich von dem alten Wort »bühel«, das so viel bedeutet wie Hügel, ab.

Die Entstehung der Legende lässt sich auf die Würzburger Mönche zurückführen, die sich unbedingt als Gründer der Stadt sehen wollten. Über der Sakristeitür ihrer Klosterkirche hatte die Figur ihren Platz, zusammen mit dem Vers »Dis Kloster und die Statt von mir den Namen hat (1667)«.

So schufen sie die Geschichte des frommen Bauern, der um 1290 seinen Bauernhof am Platz des späteren Karmelitenklosters hatte. Der Dinkel wuchs auf seinen Feldern, Mönche und Wallfahrer kehrten gern bei ihm ein und ließen sich bewirten. Schließlich verschenkte der Dinkelbauer sein Hof und Gut an die Würzburger Mönche, die in den folgenden Jahren das Kloster errichteten und damit die Grundlage für die Stadtentstehung legten. Die Karmeliter waren in der Stadt gern gesehen, das Kloster wurde erst 1803 im Rahmen der Säkularisierung aufgelöst.

Zeitlich passt die Legende jedoch nicht zur Stadtgeschichte mit Ursprung im 8. Jahrhundert. Realistischer ist der Bezug zu einem Landverwalter, dessen Name Dinchilo, Dingolt oder so ähnlich lautete. In Ermangelung von Hausnummern und Straßennamen war es leichter, sich den Ort an der damals häufig genutzten Wörnitzfurt unter einem gängigen Namen zu merken: »Bei den Hügeln des Dingolts«. Aus Dingolt wurde Dinkel – und die Ähren im 13. Jahrhundert das Motiv für ein neues Stadtsiegel und späteres Wappen.

Adresse Hintere Fassade vom Rathaus, Segringer Straße 30, 91550 Dinkelsbühl; oder im Innenhof der Berufsfachschule für Musik des Bezirks Mittelfranken, Klostergasse 1, 91550 Dinkelsbühl | **Anfahrt** außerhalb parken und zum Rathaus laufen | **Tipp** Musik gibt es jeden Freitag ab 20 Uhr, von Ende September bis Pfingsten im Jazzkeller Dinkelsbühl, Am Weinmarkt 7, 91550 Dinkelsbühl, www.jazzkeller-dkb.de.

DINKELSBÜHL

9 Die Dreikönigskapelle
Wo die Legende schöner ist als die Wirklichkeit

Am Segringer Tor will man einfach nur schnell hinein oder hinaus und hat keinen Blick für das kleine Gebäude in der Nähe. Das ist der unscheinbaren Dreikönigskapelle egal. Immerhin ist sie schon seit 1378 an diesem Ort, als »newe capellen der heiligen dreier künig«. In Stiftungsunterlagen wird die Kapelle erstmals erwähnt. Sie war mal schick und schmuck mit sieben hohen Spitzbogenfenstern und erinnerte an eine weit zurückliegende Legende, als König Barbarossa im Sommer 1164 die Gebeine der Heiligen Drei Könige von Mailand nach Köln brachte und auf seinem Weg in der Stauferstadt Dinkelsbühl rastete. Die Gebeine der Heiligen wurden in Ermangelung einer angemessenen Unterkunft in einem einfachen Schrein unter freiem Himmel gelagert. Dieses für die Gastgeber unwürdige Ereignis blieb unvergessen und wurde über die Jahre so real, dass 200 Jahre später an diesem Platz die Dreikönigskapelle gebaut wurde.

Ihre besten Jahre sind lange vorbei. Vom geachteten Kirchlein wurde sie, angenagt vom Zahn der Zeit, 1834 erst zum Schafstall mit Scheune degradiert, dann zum Schlachthaus. Erst 1922 wurde das Gebäude von der Stadt erworben, und zumindest in Ansätzen ist die religiöse Bedeutung der Kapelle wieder zu erkennen. Unterhalb des niedrigen, eckig-runden Restturms ist eine Gedenkstätte zur Erinnerung an die Opfer des Kriegs von 1870/71 und der beiden Weltkriege entstanden. »Erkenne es unter dem Kreuz. Krone des Seins ist es, Mensch zu sein. Der Toten Vermächtnis: Achtung des Lebens! Wanderer bedenke, du pilgerst vergebens, stösst deine Tat in die Nacht.«

Im angrenzenden Adlergäßlein führt der Zugang über einen winzigen Vorplatz mit Gedenktafeln der Dinkelsbühler Siebenbürger Sachsen. Die Tür zum Kirchenraum ist verschlossen, Gedenkbücher mit Vermissten, Gefallenen und anderen Opfern der Weltkriege werden seit dem Jahre 1967 ausgelegt. Ansonsten ist das Gebäude weitestgehend leer.

Adresse Adlergäßlein 1, 91550 Dinkelsbühl | Anfahrt Parkplatz P3 Alte Promenade, durch das Segringer Tor in die Stadt laufen | Öffnungszeiten geöffnet nur Pfingsten, Volkstrauertag, Heimattag der Siebenbürger Sachsen, eventuell Tag des offenen Denkmals | Tipp Am Segringer Tor liegen die ehemaligen Landknechtswohnungen, von hier hat man einen schönen Fotoblick auf Straße und Fachwerkhäuser.

10 Die Genuss-Bistros
Zweifach himmlisch: DaVo und Gourmetraum

Da haben zwei junge Frauen mit viel Herzblut und Können ihren Lebenstraum in die Hand genommen und ihr eigenes Bistro beziehungsweise Feinschmeckergeschäft eröffnet. Verbunden durch die Begeisterung für wirklich gute Lebensmittel und die Hingabe für ungewöhnliche Kreationen haben sie nach einiger Zeit erkannt, dass sich beide Geschäftsideen wunderbar ergänzen. Und das leben sie jetzt auch: jede ihre eigene Unternehmerinnenidee und ein gemeinsames Genussprojekt. Ein Glück für alle Feinschmecker und Genießer, die durch die Dinkelsbühler Gassen schlendern!

Feine und ausgewählte Käsesorten gibt es im Gourmetraum von Alina Schultheiß, die das Handwerk vom Kuhmelken im Stall der Nachbarn bis zum Käsen in der Dorfkäserei Geifertshofen und im Studiengang Food-Management gelernt hat. Entsprechend umwerfend ist der Blick auf das breite Käseangebot. Regionale Sorten haben ihren Platz neben den internationalen Klassikern, ob Ziegen- oder Heumilch oder laktosefrei – ihr Käse ist sorgfältig ausgewählt und nur die besten kommen in die Theke. Ein kleines Rund-um-den-Käse-Sortiment darf natürlich nicht fehlen. Manchmal trifft der Gourmetraum-Käse in der Alten Nagelschmiede auf besonders ausgewählte Weine. Für Weinliebhaber ein besonderes Event, wenn guter Wein und exklusiver Käse sich ergänzen.

Das passt sehr gut zur DaVo-Philosophie von Daniela Stöhrmann, bei der mediterrane Küche und Essensgenuss im Vordergrund stehen. Allein beim Blick auf die Speisekarte meldet sich magenknurrend der kleine Hunger: Spätzle-Muffins, gefüllte Nudeln mit Sauerkrautcreme, karamellisierte Karotten, Walnuss-Feta, Grillgemüse oder diverse Wraps und ungewöhnliche Dips – hier wartet die Qual der Wahl! Im gemütlichen Bistro lässt sich die Zeit vergessen oder beim Frühstück das Wochenende einläuten. Regional-fränkisches Essen der anderen Art – einfach zu genussreich, um nur daran vorbeizugehen!

Adresse DaVo, Altrathausplatz 5, 91550 Dinkelsbühl, Tel. 0175/3292922, daniela.stoehrmann@gmx.de; Gourmetraum, Ledermarkt 5, 91550 Dinkelsbühl, www.gourmetraum.de | **Anfahrt** Parkplatz P1 Schwedenwiese, Richtung Haus der Geschichte und Marktplatz laufen | **Öffnungszeiten** DaVo: Mi–Fr 10–18 Uhr, Sa 10–14 Uhr; Gourmetraum: Fr 10–13 und 14.30–18 Uhr, Sa 9–13 Uhr | **Tipp** Ausprobieren: Eine Gourmetbox oder ein Sechser-Blechle zum Genießen.

11   Die Glocke im Berlinsturm
Was hat ein Wachturm mit Siebenbürgen zu tun?

Deutlich sichtbar steht am Berlinsturm: »Von diesem Turm erklingt die Glocke der Heimat Siebenbürgen. Gestiftet 1967 von Siebenbürger Sachsen aus aller Welt.« Zu sehen ist die Glocke nicht, nur eine steinerne Gedenktafel, eingefügt in die Stadtmauer und umwachsen von Efeuranken, macht auf sie aufmerksam. Ein schlichtes Wappen mit sieben symbolischen Türmen kennzeichnet das hölzerne Eingangstor unterhalb der Hausnummer 18 am Berlinsturm. Unauffällig und nur wenige Worte – und doch kann man spüren, wie wichtig dieser Heimatbezug für viele Menschen ist.

Manchen erscheint es ungewöhnlich, in Dinkelsbühl immer wieder auf Traditionen und Brauchtum der Siebenbürger Sachsen zu stoßen. Oder eben auf die Glocke im Turm. Die Verbundenheit beginnt mit Ende des Zweiten Weltkriegs, als viele Flüchtlinge und Vertriebene sowohl aus dem Sudetenland als auch aus Siebenbürgen in Dinkelsbühl Aufnahme und eine neue Heimat fanden. Wie gut das gelang, davon zeugt die Auszeichnung des Bundeswettbewerbs für »Vorbildliche Integration der Aussiedler« im Jahr 1997. Unverkennbar wird das alljährlich an Pfingsten, wenn der Heimattag der Siebenbürger Sachsen stattfindet und über 20.000 Besucher kommen. Stattgefunden erstmalig im Jahr 1951, hat das Treffen seitdem einen festen Platz im Veranstaltungskalender der Stadt. Hauptattraktion ist stets der große Festumzug, an dem weit über 2500 Trachtenträger teilnehmen. Hier wirkt nichts verstaubt oder antiquiert. Generationen von Jung bis Alt zeigen liebevoll gepflegte Brauchtumskleidung. Die Vielfalt ist so groß wie die verschiedenen Landesgruppen, die aus ganz Deutschland und dem Ausland anreisen, um für ein paar Tage ein ganz besonderes Miteinander zu erleben.

Der Glocke im Turm geht es ähnlich: Die Erinnerung an das alte Siebenbürgen bewahrend, hat sie im jahrhundertealten Berlinsturm ein neues Zuhause gefunden.

Adresse Oberer Mauerweg 18, 91550 Dinkelsbühl, Hinweistafel am Turm | **Anfahrt** Parkplatz 3, über Durchgang Wächterturm dem inneren Mauerring Richtung Süden folgen | **Tipp** Verlässt man den Oberen Mauerweg am Haymersturm durch den Kräutergarten, kommt man zum Weltkriegsdenkmal der Siebenbürger Sachsen in der Lindenallee.

12 Das Gradierwerk
Salz liegt in der Luft

Der Stadtpark am Faul- beziehungsweise Märchenturm hat einiges zu bieten: Die direkte Nähe zu den Weihern mit dem Hans-im-Glück-Brunnen und dem Denkmal der Kinderlore, einen schattigen Hohlweg unter hohen Bäumen und den Blick in die Feldlandschaft. Etwas zurückversetzt und nahe am Weiher steht ein schöner runder Holzpavillon, nach einer Seite hin einladend offen, und entpuppt sich beim Näherkommen als Gradierwerk.

Das ist nun wirklich unerwartet, und überrascht holt man erst einmal tief Luft. Und genau dafür ist dieser Ort gemacht. Einfach nur tief Ein- und Ausatmen. Was man sonst aus der gängigen Yogapraxis kennt, wird hier ergänzt durch die salzhaltige Luft. Eine Infotafel erklärt den genauen Ablauf, damit die salzhaltige Luft auch tief im Bronchialsystem wirken kann. Wer die Augen schließt, kann sich wegträumen zu Meeresstrand mit Wellenrauschen und Salzgeschmack auf den Lippen. Das stete Tropfen des mit Sole angereicherten Wassers klingt beruhigend und sorgt für die hohe Luftfeuchtigkeit innerhalb des Pavillons. Im Sommer ist die feuchte Luft angenehm kühl, und das Gradierwerk wird zum spontanen Treffpunkt.

Das Bauwerk selbst steht da in schlichter, angenehmer Ästhetik. Das Grundgestell aus Holz, hier im Halbrund mit einem Durchmesser von etwa zehn Metern und einer angenehmen Höhe von über fünf Metern, ist mit 450 Bund Schwarzdorn gefüllt. Die dicht an dicht liegenden Reiser haben ihre ganz eigene Schönheit, fein geästete Wasserfilter, an denen sich das Salz absetzen kann und durch das ständig nachtröpfelnde Wasser als Aerosole in die Luft abgegeben wird. Dauerrieseln als beruhigendes Hintergrundgeräusch zur Entspannung im Alltag. Schulklassen freuen sich über eine Atempause, Familien lassen ihre Kinder herumspielen, Senioren sitzen auf den Bänken und genießen den schönen Ausblick. Meeresfeeling am Hippenweiher im Stadtpark – so geht's!

Adresse Stadtpark am Hippenweiher, zwischen Stephanus-Altenheim und dem Rothenburger Weiher, barrierefrei | Anfahrt Parkplatz P4, vor dem Rothenburger Tor nordwestlich zum Faulturm und Stadtpark laufen | Öffnungszeiten ganzjährig zugängig | Tipp Außerhalb der Stadtmauer bleiben, durch den nahe gelegenen Hohlweg gehen und tief die Waldluft einatmen.

13 Die Kaffeerösterei
Mal eben zum Kaffeemeister um die Ecke

Ein zartes helles Klickern durchdringt auf einmal die normale Geräuschkulisse im Kaffeeverkaufsraum. Jürgen Maaßen hebt sofort den Kopf, hört konzentriert hin und wendet sich mit einem leichten Lächeln wieder seiner Kundin zu. Aus der großen Röstmaschine gegenüber dem Eingang rieseln in mehreren Schüben die gerösteten Kaffeebohnen einer neuen Sorte in einen großen Behälter. Fein gebräunt, leicht schattiert und trocken, kühlen sie nun unter stetem Rühren langsam ab. Das Timing entscheidet über die Qualität. Während des gesamten, circa 15 Minuten dauernden Röstprozesses wird der Ablauf auf einem angeschlossenen Display verfolgt, in den entscheidenden letzten Minuten werden zusätzlich per Hand immer wieder kleine Mengen geröstete Bohnen mit einer Testschaufel herausgezogen und genau kontrolliert. Das zarte Klickern beim Herausrieseln der fertig gerösteten Bohnen belohnt die Wachsamkeit hinsichtlich des richtigen Moments. Das ist genau die Mischung von Technik und Lebensmittelverarbeitung, die dem Lebensmitteltechniker Jürgen Maaßen gefällt.

Von der Bohne zum Kaffee. Die Spannweite der Herkunft ist groß, im Geschäft wird Kaffee aus Indien oder afrikanischen Ländern angeboten, natürlich ist auch Mittelamerika mit seinen traditionellen Kaffeeplantagen vertreten. Zwei Drittel der Bohnen ist sortenreiner Kaffee, aus dem sich dann verschiedene Geschmacksrichtungen zusammenstellen lassen. Die großen Getränketafeln an den Wänden sorgen bei der Auswahl erst einmal für Verzweiflung. Wer kennt schon die Unterschiede zwischen »India Robusa« und »Indonesia Gayo«? Biosiegel haben die meisten, und frisch geröstet wird sowieso. Da hilft nur: neugierig bleiben, genießen und ausprobieren!

In Dinkelsbühl ist die Kaffeeoase ein Geheimtipp, der noch dazu etwas versteckt in einer Seitenstraße liegt. Und welcher Kaffee wird am meisten verkauft? »Der Dinkelsbühler« – welcher sonst!

Adresse Nördlinger Straße 7, 91550 Dinkelsbühl, Tel. 09851/5551711, www.roesterei-dinkelsbuehl.de | **Anfahrt** Parkplatz P1, Richtung Haus der Geschichte laufen, in der Seitengasse dahinter ist die Rösterei | **Öffnungszeiten** Di–Fr 9–18 Uhr, Sa 9–16 Uhr | **Tipp** Es gibt einen gemütlichen Innengarten für kleine Plauderrunden oder zum Abschalten. Für Kinder ist der Cappuccino aus luftigem Wolkenmilchschaum und feiner Schokolade.

14_Der Karpfen
Was hat der Blausieder mit Karpfen zu tun?

Karpfen blau – aus einem Rezeptbuch von 1956: »Man nehme am besten einen Spiegelkarpfen. Gelbgrüne Flusskarpfen sind besser als die geschwärzten Teichkarpfen, die oft einen schlammigen Beigeschmack haben. Zur Beseitigung des Schlammgeschmacks lässt man den Fisch noch einige Zeit im frischen Wasser.« Nach diesen Vorbereitungen kommt der Karpfen in einen speziellen Fischsud, in dem er bis zu dreißig Minuten zieht. Serviert wird er im Ganzen mit Zitronenscheiben, Petersilie und frischen Kartoffeln.

Ob Spiegel-, Teich- oder Flusskarpfen – die Dinkelsbühler Geschichte ist ohne diesen Fisch kaum denkbar. Bereits auf alten Gebietskarten lässt sich erkennen, dass sich rund um die Stadtgrenze eine Wasserfläche an die andere reihte. Früher erschwerten die feuchten und sumpfigen Gebiete dem Feind das Vorankommen. Die Wörnitz mit ihren Seitenarmen, Altwassern und den vielen Nebentälern staute natürliche Teichketten an, die für die Teichwirtschaft bis heute genutzt werden. Monate mit »r« im Namen sind Karpfenzeit. Und die der anderen Teichbewohner. Wenn die Teichwirte in ihre überhohen Wasserhosen schlüpfen und sich in abgelassenen Gewässern durch den Morast kämpfen, holen sie auch Zander, Waller, Schleien, Hechte und andere Fische heraus. Aus dem Teich auf den Tisch – so frisch bekommt man keine heimischen Fische auf den Teller wie im Herbst.

Eine Dinkelsbühler Sage erzählt, wie während einer langen Gerichtsverhandlung einer der anwesenden Ratsherren selig vom Karpfenfang in der Wörnitz träumte. Der kleine Hunger umnebelte seinen träumenden Verstand, als er, unsanft aus dem Schlaf gerissen, nach dem Urteil für den vor Gericht sitzenden Dieb gefragt wurde. In Gedanken noch ganz beim Karpfen lautete die spontane Antwort: »Blausieden soll man ihn!« Das Urteil der Gerichtsverhandlung ist leider nicht überliefert, der Name Blausieder jedoch ist geblieben.

Adresse Fischzucht Karl Wiesinger, Wörnitzstraße 6, 91550 Dinkelsbühl, Tel. 09851/9438, info@satzfisch.de | **Anfahrt** Parkplatz P1 Schwedenwiese, ins Stadtzentrum laufen | **Tipp** Im Herbst dreht sich alles um den Fisch, so auch im Restaurant Deutsches Haus, Weinmarkt 3, www.deutsches-haus-dkb.de. Infos unter www.tourismus-dinkelsbuehl.de/events-erlebnis/fisch-erntewoche.

15 Das Kellergewölbe
Wo Schadenszauber und Teufelsmale den Tod brachten

Hänsel und Gretel im Märchen der Gebrüder Grimm haben es vorgemacht: Die böse Hexe soll im Backofen verbrennen! Was für die beiden Kinder Notwehr war, geschah bei den realen Hexenprozessen im Mittelalter mittels übler Verleumdung und falscher Anklage. Es ist ein dunkles Kapitel, das in der Geschichtsforschung gern mal unerwähnt bleibt. Obwohl Dinkelsbühl sicher nicht zu den Hochburgen der Hexenverfolgung gehörte, hat es in einem düsteren Kellergewölbe das Thema aufbereitet. Blutrot sind die Texttafeln, dumpfer Mauersteingeruch liegt im Gewölbe, enge Räume und niedrige Durchlässe vermitteln ein mulmiges Gefühl. Sensible Gemüter spüren das schnell.

Die Zeit zwischen 1400 und 1700 bildete den Rahmen für die in Wellen verlaufenden Zeiten der europaweiten Hexenverfolgung. Damals brachte eine »kleine Eiszeit« Kälte und wenig Sonne, damit verbunden Ernteverluste und Hungersnöte, Seuchen und Kriege. Das Weltbild wurde durch Martin Luther und die Reformation erschüttert, die religiöse Ordnung kam ins Wanken. Wie überall war auch in Dinkelsbühl der Alltag mühsam und das politische Geschehen unverständlich. Angst, Wut und Neid entluden sich auf besser gestellte Nachbarn, Gerüchte wurden gestreut, Verleumdungen und Anfeindungen brachten unschuldige Menschen schnell vor Gericht. Die frühere Reichsstadt besaß Gerichtshoheit und übte sie auch aus. Schadenszauber, Totgeburten, Giftmischerei, Teufelsmale – der überall herrschende Aberglaube trieb unglaubliche Blüten und unbescholtene Bürger auf die Anklagebank. Die Lange Gasse hinunter zum Muckenbrünnlein, im Haus Nummer Elf, wohnte der städtische Scharfrichter und vollzog die Urteile.

Froh ist man, die steilen Stufen im Ausstellungsgewölbe wieder nach oben steigen und frische Luft atmen zu können. Da ist die Welt der Märchen doch schöner und gerechter. Hänsel und Gretel waren gerettet … und alles wurde gut.

Adresse Kellergewölbe im Haus der Geschichte, Altrathausplatz 14, 91550 Dinkelsbühl | Anfahrt Parkplatz P1, zum Haus der Geschichte laufen | Öffnungszeiten jeden ersten Sa im Monat wird die Themenführung »Hexen, Hexer, Teufelsbanner« angeboten, 15 Uhr am Haus der Geschichte, Kosten 7 Euro | Tipp Die europäische Hexenverfolgung samt Folterinstrumenten wird im Mittelalterlichen Kriminalmuseum, Burggasse 3–5 in 91541 Rothenburg ob der Tauber, ausführlich und gruselig dargestellt.

DINKELSBÜHL

16 Die Kinderlore
Kinder, Kinder!

So brav sieht sie aus, so anständig und lieb, dass es schier das Herz anrührt. Wer vor dem Denkmal der Kinderlore steht, kann schnell verstehen, dass selbst in einem harten Feldherrnherzen unbeabsichtigtes Mitleid die Oberhand gewinnen konnte. Legende oder Märchen – schön ist die Geschichte der Kinderlore allemal. Sie ist der Mittelpunkt eines einzigartigen Kinderfests und ein wunderbares Beispiel für mutiges, soziales Engagement.

Die Kinderlore, Tochter des Turmwächters, hatte nämlich eine ganz eigene Auffassung zur Durchführung von diplomatischen Friedensverhandlungen, die sie trotz scheinbarer Aussichtslosigkeit ziemlich spektakulär in Angriff nahm. Als 1632 die Schweden die Stadt auf ihre eigene zerstörerische Art einnehmen wollten, fackelte das junge Mädchen nicht lange und trat ihnen mit einer Schar ihr anvertrauter Kinder mutig entgegen. »Willst du uns Leid antun?«, stellte sie die Schicksalsfrage an den verrufenen Obristen Sperreuth, während die hohen Stadtherren sich dezent im Hintergrund hielten und um Kopf und Kragen fürchteten. »Nein«, kam die Antwort … und Lore hat die Stadt gerettet.

Ganz real, und das ist vielleicht dann doch das Wesentliche, kamen durch das Festspiel die katholischen und protestantischen Kinder zusammen. Feierten bis 1897 die Schüler streng nach Konfession getrennt ihren jährlichen Schulabschluss und erhielten dafür von der Stadtkämmerei das »Zech«-Geld, wurden durch den gemeinsamen Festzug die Glaubensgrenzen der Stadtbürger überwunden. Das Fest entwickelte Eigendynamik. Eltern, Großeltern, Freunde, gute Bekannte machten mit, und – schwups – erklang der Ruf der Kinderlore weit über die Stadtmauer hinaus.

Wer im Juli die Kinderzeche nicht erlebt, für den steht die Lore seit 2022 als 300 Kilogramm schweres Bronzedenkmal im Stadtpark nahe dem Märchenturm. Was hätte aus dem Mädel werden können!

Adresse Dr.-Martin-Luther-Straße 29, 91550 Dinkelsbühl | **Anfahrt** Parkplatz P4 Bleiche, vor dem Rothenburger Tor nordwestlich zum Faulturm und zum Stadtpark laufen | **Öffnungszeiten** Die Statue steht frei zugängig im Stadtpark oberhalb des Hippenweihers. | **Tipp** An der Rückseite der Statue kann der QR-Code gescannt werden.

17 Das Kinderzech-Zeughaus

Ledersandale und Soldatenschwert unter einem Dach

Das mächtige Fachwerkhaus ist alles in einem: Lagerhaus, Museum, Begegnungsstätte, Hochzeitsort und Bewahrer kulturellen Brauchtums. Die dicken Mauern dienten im Spätmittelalter schon als städtischer Kornspeicher und sind sich ihrer existenzsichernden Aufgabe daher schon seit Jahrhunderten bewusst. Bei Missernten und Teuerungen der Grundlebensmittel, bei Belagerungen und Hungersnöten wusste die Bevölkerung hier einen letzten Vorrat, um doch noch irgendwie über die Runden zu kommen. Der ideale Ort also, um all das unterzubringen, was sich in 125 Jahren Kinderzech-Festwochenspektakel angesammelt hat und erhalten werden muss. Und das ist nicht gerade wenig.

Das Zeughaus ist ein Herzensmuseum. Jedes Kleidungsstück oder Exponat hat seine eigene Geschichte, wird geliebt, in Ehren gehalten und in regelmäßigen Abständen wieder zum Leben in den Gassen erweckt. Ordnung halten und Überblick bewahren ist bei der hohen Anzahl der einzelnen Teile oberstes Gebot. Hier lagern schicke edle Kostüme, praktische Handwerkerkleidung, komplizierte Schnürschuhe oder einfache Kindersandalen, dazu jeweils passende Kopfbedeckungen sowie die kostbare Ausstattung für die Repräsentanten des Festzugs. Auf den alten Hand- und einfachen Pferdewagen stapeln sich Holztruhen und Zunftmaterialien, und es gibt einen eigenen Waffenraum. Dazu wird gesammelt, was auch immer von der Geschichte der Kinderzeche erzählt. Fotos, Erlebnisse, Zeichnungen werden an medialen Stationen aufgearbeitet, um die kulturelle Vergangenheit zu bewahren und Besuchern zugänglich zu machen.

All das erfordert natürlich besondere Ansprüche, die beim Umbau des Kornspeichers beachtet werden mussten. So entstand die Haus-in-Haus-Variante. Glasfronten schützen den Fundus, erlauben aber neugierige Blicke ins alte Holzgebälk und bewahren respektvoll die architektonische Meisterleistung des wunderschönen Altspeichers.

Kinderzech-Zeughaus

Adresse Bauhofstraße 43, 91550 Dinkelsbühl, Tel. 09851/5549477, www.kinderzech-zeughaus.de | Anfahrt Parkplatz P4 Bleiche, durch das Rothenburger Tor nordwestlich Richtung Stadtmauer laufen | Öffnungszeiten April–1. Okt. Do/Fr 11–16 Uhr, Sa/So 10–16 Uhr, an Marktsonntagen 14–16.30 Uhr sowie auf Anfrage | Tipp Im Festzug wird eine überdimensionierte Schneckennudel gezeigt. Außerhalb der Kinderzeche ist sie im Zeughaus zu sehen.

DINKELSBÜHL

18 Der Kräutergarten
Botanische Geschichte auf engstem Raum

Der obere Mauerweg ist voller Überraschungen. In großer Dichte stehen die Türme vor allem an der Westseite der Stadt, da hier das Angriffsrisiko besonders hoch war. Trotzdem ist die Mauer nicht verschlossen, immer wieder öffnet sich ein kleines Tor nach draußen. Hinter dem Türchen am Weißen Turm liegt ein Geschenk der Landesgartenschau 1988: der Nutz- und Kräutergarten an der Wehranlage.

Der Weg entlang der Beete ist eine Zeitreise der Gartenentwicklung, verbunden mit der jeweiligen Weltanschauung. So lebte der Reichenauer Mönch Walahfrid Strabo um 840, sein Gartenwissen ist eng mit dem christlichen Glauben verknüpft. Die älteste Dokumentation einer Gartengestaltung kommt aus dem Klostergarten von Sankt Gallen. Achtzehn Beete dienten der Versorgung der Mönche, sechzehn Beete brauchte es für die Heilpflanzen im Arzneigarten, und der Friedhof wurde, wie praktisch, mit schattenspendenden Obstbäumen bepflanzt. So hoch die Klostermauern auch waren, die Pflanzen fanden einen Weg nach draußen, und über die Zeit verbreiteten sich prächtig blühende Bürger- und Bauergärten. Karl der Große (von 768 bis 814 König des Fränkischen Reichs) packte die Sache mit Heil- und Nutzpflanzen ganz pragmatisch an. Er entwarf eine Landgüterverordnung, in der er in über 70 Kapiteln vorgab, welche Pflanzen landwirtschaftlich angebaut werden sollten, um Verpflegungsengpässe zu vermeiden, die Tierhaltung miteingeschlossen. Einen anderen Ansatz verfolgte die große Mystikerin und Heilkundige Hildegard von Bingen, die das griechisch-lateinische Wissen mit der damaligen Volksmedizin zusammenführte und neue medizinische Anwendungsgebiete entdeckte.

Ob die Vielfalt der Thymiansorten im alten Wagenrad, lustvolles Naschen an Johannis- oder Himbeeren oder die Inspiration zum natürlichen Ostereierfärben am Beet der Färberpflanzen – ein Ruheort ist der schön angelegte Garten allemal.

Adresse Oberer Mauerweg 22–24, 91544 Dinkelsbühl | **Anfahrt** Parkplatz P3 Alte Promenade, Richtung Garten der Sinne laufen, am Ulmer Weg über die Brücke zur Stadtmauer | **Öffnungszeiten** ganzjährig zugängig | **Tipp** Ganz in der Nähe im äußeren Mauerring Richtung Segringer Tor wohnt der Mauergeist. Nur mutige Kinder sollten bei ihm klingeln!

DINKELSBÜHL

19_ Die Kunst-O-Nauten
Eine Zigarettenschachtel voller Kunst

Ach, so schön! Auf den ersten Blick wirkt er wie ein Zigarettenautomat, auf den zweiten offenbart er seine Besonderheit: der Kunst-O-Naut. Einfach fünf Euro einwerfen und mit festem Ruck ein zuvor ausgewähltes Fach aufziehen. Der Inhalt ist nachhaltig, gesundheitsfördernd und phantasieanregend. Ein überraschtes »Oh!« folgt meist intuitiv nach dem Blick auf das kleine Kunstwerk, das der Münzeinwerfer als Gegenleistung erhalten hat. Handlich klein, passt es in jedes Täschlein und ist ein ideales Mitbringsel im letzten Moment.

Etwas versteckt am Spitalhof installiert, ist er so etwas wie ein Visitenkartenspender für eine Künstlergruppe, die sich die Spalten aufteilt und mit Originalarbeiten auffüllt. Man kann diese Miniaturen sammeln und nach einiger Zeit eine Kunst-O-Nauten-Collage daraus machen. Manche Kunstschachtel ist zeitweise als Liebhaberstück heiß begehrt, so wie die originelle Hühnerstall-Kreation des Holzbildhauers und Ansbacher Kunstpreisträgers Gerhard Engerer. Wer bisher nur das Hühnchen auf dem Teller kennt, wird diese Tierart nun garantiert mit anderen Augen sehen. Kein Huhn ist wie das andere – und kein Farbwerk gleicht dem anderen. Für den Kunst-O-Nauten lassen die beteiligten Künstler Miniserien mit humorvollem Feinsinn entstehen, Linien werden mit zartem Strich auf Papier gezogen. Gefilzte Handwerkchen oder Miniatur-Farbenstürmchen bringen Stimmung auch in die letzten Winkelchen. Phantasie auf kleinstem Raum, denn große Leinwände kann jeder. Ganz sicher auch die Künstler, die den Automaten mit ihren Kostbarkeiten füllen und so auf unaufdringliche Art die Möglichkeit bieten, den Alltag mit Kunst und Phantasie zu bereichern. Wer noch einen Kick Überraschung möchte, wählt das Fach »gemischte Kunst«. Hier entscheidet der Zufall, was einem in die Hände fällt. Eine gelungene Alternative zu Zigaretten- oder Kaugummiautomaten.

Adresse Kunstautomat in der Spitalanlage, gegenüber Reparaturcafé der Arbeiterwohlfahrt, Dr.-Martin-Luther-Straße 8, 91550 Dinkelsbühl, www.kunst-o-nauten.com, Gastkünstler können bei Interesse bei Tina Bönsch, Tel. 0151/56023432, nachfragen | **Anfahrt** Parkplatz P4 Bleiche, zur Hauptstraße laufen und durch den Spitalhof | **Öffnungszeiten** rund um die Uhr (nur Münzen, keine Scheine) | **Tipp** Kunstvolle Pracht zeigt die Fassade des am Weinmarkt liegenden Hotels Deutsches Haus mit einer großen Formen- und Figurensymbolik.

DINKELSBÜHL

20_ Die Landmark

Auf Schusters Rappen entlang der Fraischgrenze

Direkt im Torbogen des Nördlinger Turms geht es los. Das Symbol »Fraischgrenzweg« mit Wappen und Wegpfeilen auf weißem Grund ist eindeutig und führt hinaus in die Umgebung Dinkelsbühls. Auf 24 Kilometern folgt man der ehemaligen Gemarkungsgrenze von 1476, die das Gebiet der ehemaligen Reichsstadt umschließt. Die Stadt besaß das Recht der hohen Gerichtsbarkeit und konnte somit »beschediger der lande und reychsstrassen« innerhalb ihrer Fraischgrenzen haftbar machen. Diese früheren Kontrollritte werden heute von gemütlichen Wander- oder Fahrradtouren abgelöst.

Da die Begrenzungen häufig an die natürlichen Begebenheiten angepasst waren, kommt man im Verlauf der Kilometer an zahlreichen Weiherketten, heute von Gestrüpp und Bäumen bewachsenen Erdwällen und Landgräben vorbei. Die Mühlen waren wichtige Eckpfeiler der Grenzen und boten sich als Verteidigungsposten an, während sie üblicherweise ihren Alltags- und Versorgungsaufgaben nachkamen. Geschickt wurden schön stachelige Sträucher dicht an dicht auf hohe Erdwälle gepflanzt, während daneben tiefe Gräben ausgehoben wurden. Während des Baumwachstums wurden Äste miteinander verwoben, sodass nur noch kleinere Wildtiere durchschlüpfen konnten. Menschen kamen nicht mehr durch. So ließen sich pflegeleichte Begrenzungen ziehen und offizielle Durchgänge schaffen, die leichter zu kontrollieren waren. Bis 1792 wurde die Dinkelsbühler Gemarkung regelmäßig umritten und kontrolliert. Als der letzte Markgraf von Brandenburg-Ansbach im Dezember 1791 die Mühen der Regentschaft lieber gegen eine Leibrente tauschte, kam das Königreich Preußen den Dinkelsbühlern unangenehm nah und die Fraischritte wurden eingestellt.

Heute ist der Grenzgang wieder gefahrlos möglich. Abwechslungsreiche Landschaften und immer neue Panoramablicke zu den Dinkelsbühler Tortürmen machen die Fraischrunde zu etwas Besonderem.

Adresse Ausgangspunkt: Nördlinger Torturm, Nördlinger Straße 62, 91550 Dinkelsbühl; Ansprechpartner: Getreue des Königs Gustav Adolf 1632 e.V., Elsassergasse 5, 91550 Dinkelsbühl, info@getreue-des-koenigs.de | **Anfahrt** Parkplatz P2 Stadtmühle, zum Nördlinger Tor laufen | **Tipp** Die Krautbeete vor der Stadt können gepachtet werden. Gärtnerkunst zeigt sich beim Verkehrskreisel, die grüne Insel lohnt ein Mehrfachkreiseln!

21 Die Maßschneiderei Kleiderstolz

Alle Macht der Tracht

Viel Platz ist im Laden nicht. In den Regalen stapeln sich die Stoffballen bis unter die Decke. Auf Kleiderstangen hängen Musterteile, die erst ungewöhnlich und dann ungewöhnlich schön erscheinen. Kleiderstolz ist eine Schneiderei, die sich der Tradition verpflichtet hat und individuelle, maßangepasste Kleidung herstellt. Dieser Geheimtipp hat sich herumgesprochen: Trachtenliebhaber kommen von weit her, um sich ihr persönliches Lieblingsstück schneidern zu lassen.

Eigentlich sagt es schon die Adresse: Auf der Inselwiese standen die Häuser und Werkstätten der Textilhandwerker. Dinkelsbühler Tuchmacher- und Weberwaren verkauften sich gut und fanden Abnahme weit über die Reichsstadtgrenze hinaus. Wurde damals bereits ganz selbstverständlich regional gefertigt, so wird bei Kleiderstolz im heutigen Arbeitsprozess ebenfalls ganz bewusst auf Nachhaltigkeit und fränkische Herstellung geachtet.

Traditionen kommen oft leicht verstaubt daher, gelebtes Brauchtum wirkt wie ein aus der Zeit gefallenes Relikt. Mutig, wenn es wie im Kleiderstolz wiederbelebt wird. Traditionelle Schnitte werden mit frischen Stoffmustern kombiniert, und besondere Details geben das gewisse Etwas. Die Tradition ist der Ausgangspunkt, von dem sich Neues entwickeln kann. Grundlage für die fränkische Damentracht sind daher »keine extra tiefen Ausschnitte und keine Carmenblusen. Keine zu große Kniefreiheit. In der fränkischen Tracht wird das Kleid oder das Mieder nicht geschnürt.« Mit diesem Wissen aus der Trachtenforschung entstehen an den Nähmaschinen neue, an die Tradition anknüpfende Kreationen, die sich auch im fränkischen Alltag sehen lassen können. Oder in Hohenlohe-Franken. Oder im Odenwald. Denn auf der Brauchtumskleidung dieser Regionen liegen die Schwerpunkte der Schneiderei. Und für Dinkelsbühl als ehemalige Handwerkerstadt gibt es eine eigene Heimatmarke: »Der Dinkelbauer«.

Adresse Inselweg 1, 91550 Dinkelsbühl, www.kleiderstolz.de | **Anfahrt** Parkplatz P1 Schwedenwiese, zum Wörnitztor laufen | **Öffnungszeiten** Di–Fr 10–16 Uhr, Sa 10–13 Uhr | **Tipp** Hier gibt es richtig schicke Hüte und Mützen für alle Jahreszeiten und Gelegenheiten, einfach mal stöbern.

22 Die Handwerkerstadt
Wie Handwerk und Märkte zum Wohlstand führten

An vielen Fachwerkhäusern kann man den praktischen Nutzen für die Handwerker noch erkennen. Bei mancher Arbeit war es aufgrund von Lärm und Geruch besser, sie im Freien durchzuführen. Oder es ging darum, Werkstücke und Materialien zum Trocknen aufhängen zu können. Durch vorkragende Stockwerke gewann man etwas Platz vor dem Haus, ansonsten waren die meisten Gassen schmal und die Häuser standen eng beieinander. Es gab einen Mindestabstand zum Schutz vor Feuer. Im schmalen Zwischenraum der Häuser wurden auch Tiere zur Bereicherung des Speiseplans gehalten. Die Familien waren groß und jeder hatte Hunger. In selteneren Fällen wurde ein Plumpsklo eingebaut, das beide Hausgemeinschaften miteinander teilten.

Am Ledermarkt, eingequetscht zwischen Versicherungsgebäude und Immobiliencenter, lässt sich am Beispiel des winzigen, niedrigen Hauses gut erkennen, wie früher Lederwaren hinten aus dem Lager geholt und zur Straße hin über »die Ladentheke« geschoben wurden. Es wurde gehandelt, gefeilscht und verglichen, Absprache getroffen und der neueste Tratsch ausgetauscht.

Es gab Schmiede, Gerber, Bäcker, Schneider, Metzger, Tuchmacher und Färber. Einst war Dinkelsbühl die wichtigste Tuchstadt im schwäbisch-fränkischen Raum, ein Drittel der Bevölkerung arbeitete damals im Wollgewerbe. Je nach ihrem Berufsbild waren die Handwerker in den Zünften organisiert. Bereits im Mittelalter wurden so schon die Ausbildung der Lehrlinge, die Produktionsmenge und die Qualität der hergestellten Waren geregelt. Ein wichtiges Regulierungsinstrument war die Festlegung der Preise. Aber nicht nur die handwerkliche Tätigkeit unterlag der Zunft. Fast noch wichtiger war der soziale und gesellschaftliche Stand, den die Handwerksfamilie unter ihresgleichen einnahm. Durch Eheschließungen festigten sich berufliche Kontakte, man pflegte geselliges Beisammensein und damit auch Sitten und Brauchtum.

Adresse Hintere Priestergasse, zwischen den Häusern 4 und 6, 91550 Dinkelsbühl | **Anfahrt** Parkplatz P1 Schwedenwiese, zur nördlichen Seite des Münsters laufen | **Tipp** Deutlich lassen sich in der Gasse die engen Hausabstände und die überdachten Zwischenräume erkennen. Die schönen Fachwerkhäuser gehören zu den ältesten der Stadt.

23 Das Museum 3. Dimension
Nichts scheint zu sein, wie es scheint

Einen ersten Vorgeschmack auf das, was einen im Museum erwartet, vermittelt der Blick über den Gartenzaun: Das unmögliche Dreieck von 1987 in dreidimensionaler Realisierung steht dekorativ im Vorgarten neben einem reizenden blauen Drachen, dessen Blick man kaum entkommen kann. 3D ist heute kein Fremdwort mehr, zahlreiche Filme haben diese irreale Sichtweise bereits ins Wohnzimmer geholt.

Das kleine private Museum führt zurück zu den Anfängen, als in den 1980er Jahren die Holografie gesellschaftsfähig und mit optischen Täuschungen gespielt wurde. Seltene Sammlungen werden ausgestellt: Wackelbilder und Viewmaster, die man sich vor Augen hält und bei jedem Klick ein neues Bild zeigen, Anamorphosen und Magic Eyes oder Vexierbilder mit ihren zahlreichen Motiven. Spielerisch und unkompliziert werden Verfahren und Techniken gezeigt, die seit dem Mittelalter zur Rekonstruktion der Tiefe des Raums eingesetzt werden. Auf vier Etagen wird die Realität auf den Kopf gestellt, Unmögliches möglich gemacht und Illusion in Wirklichkeit verwandelt. Oder umgekehrt? Zwischendurch gibt es kleine Auflockerungsübungen mit Zungenbrechern wie »No need to light a night light on a light night like tonight.«

Eine Dimension für sich ist allein das Gebäude, in dem sich das Museum befindet. Die alte Stadtmühle aus dem 14. Jahrhundert war noch bis 1970 in Gebrauch, bevor sie saniert wurde und eine neue Bestimmung fand. Zum einen als Museum, zum anderen als Domizil für die Dinkelsbühler Knabenkapelle. Zwischen aufbereiteten Walzenstühlen wird geprobt, an Absackmaschine und Elevator vorbei geht es zu Ensembleräumen, und regelmäßig sind Trommelrhythmen zu hören. Wurden früher von der wehrhaften Stadtmühle die Feinde mittels Schießscharten und Wassergraben abgewehrt, wird heute Musik als Lockmittel verwendet. Mit Erfolg! Konzertreisen führen die jungen Musiker in die ganze Welt.

Adresse ScienceCenter Dinkelsbühl, Nördlinger Tor, 91550 Dinkelsbühl, Tel. 09851/6336, www.3d-museum.de | Anfahrt Parkplatz P2 Stadtmühle, zum Nördlinger Tor laufen | Öffnungszeiten 8. Jan.–März Sa/So 11–17 Uhr, April–5. Nov. Di–So 11–17 Uhr, 6. Nov.–22. Dez. Sa/So 11–17 Uhr, 26. Dez.–7. Jan. 11–17 Uhr. Preise auf der Website | Tipp Den kleinen Drachen im Garten die ganze Zeit fest im Auge behalten, während man am Zaun entlanggeht – das sind wahre Augen-Blicke!

24 Die Nudelmanufaktur
Vom durchgedrehten Teig zur frischen Nudel

Wer trotz der Supermarktfülle handgefertigte Nudeln anbietet, ist ein kleines bisschen Idealist und fühlt echte Liebe zum Produkt. Das zeigt sich zum einen in dem kleinen Laden der Nudelmanufaktur, der mit Köstlichkeiten rund um die Nudel fein dekoriert ist. Selbst gemachte Nudelsaucen, Pestovarianten und eine feine Ölauswahl sind wunderbare Nudelbegleiter. Zum anderen wird die Begeisterung für hausgemachte Teigwaren in der Nudeltheke sichtbar, wo sich Band- und Fadennudeln tummeln und Pappardelle, Spaghetti, Rigatoni, Löckli schön sortiert nebeneinanderliegen. Je nach Saison füllen auch grüne Bärlauch-, gelbe Kürbis- oder bräunliche Walnussnudeln das Sortiment. Eine Auswahl zu treffen, ist nicht einfach. »Zitronen-Pepper-Nudeln mit gerösteten Pinienkernen« könnte eine Rezeptidee lauten, mit der Susanne Wichary ihren Kunden gern weiterhilft. Bei ihren Nudeln gibt es nicht nur große Unterschiede in Geschmack und Aussehen, sondern auch farbliche, da ist die Zubereitung oft das letzte i-Tüpfelchen.

Und mit jeder noch so kleinen Nudel aus Wicharys Manufaktur geht ein kleines Stückchen Italiensehnsucht über die Theke, denn dort fing alles an. Die frischen, mitgebrachten Urlaubsnudeln waren schnell gegessen, sie eigneten sich nur bedingt als Urlaubserinnerung. Wer nicht verzichten will, muss selbst aus 500 Gramm gesiebtem Mehl, vier Eiern, fünfzig Milliliter Pflanzenöl und 20 Gramm Salz einen frischen, geschmeidigen Nudelteig kneten, ihm zwei bis drei Stunden Ruhe gönnen und anschließend die Nudelkurbel an der Nudelmaschine drehen.

So hat es vor vielen Jahren in der heimischen Familienküche begonnen. Inzwischen nudeln Maschinen den Teig durch und lassen je nach Aufsatz die verschiedenen Nudelsorten entstehen. Liebevolle Handarbeit bleiben die frisch gefüllten Cannelloni und die würzige Lasagne, die längst einen treuen Kundenstamm gefunden haben.

Adresse Schreinersgasse 20, 91550 Dinkelsbühl, nudelmanufaktur-dinkelsbuehl.de | Anfahrt außerhalb parken und Richtung westlichem Stadtteil laufen | Öffnungszeiten Fr 9–18 Uhr, Sa 9–13 Uhr | Tipp Nicht weit von der Manufaktur ist das Bildhauer-Schaufenster des Künstlerpaars Gerhard und Claudia Engerer, das Kunstatelier von Renate Weber sowie der Weinmarkt mit eigener Brennerei.

25 Der Radl-Servicestützpunkt
Wo E- und Echtradler willkommen sind

Das Wichtigste vorweg: Die Dinkelsbühler Jugendherberge ist heiß begehrter Übernachtungsort und in den Ferien oft ausgebucht. Zusätzlich ist sie auch Anlaufstelle für Fahrradfahrer, die dort ihr Rad sicher unterstellen und auf Stadterkundung gehen wollen. Im Servicestützpunkt gibt es abschließbare Unterstellmöglichkeiten für Rad und Gepäck, sodass man unbelastet die Stadt erkunden kann. Ausgepowerte Akkus von E-Bikes können während des Rundgangs wieder aufladen, und es steht ausreichend Werkzeug zur Verfügung, um die eine oder andere Schraube zu sichern. Ein Schlauchautomat mit den gängigen Größen hängt bereit, wenn einem Rad die Luft ausgeht.

Das kann durchaus passieren. Denn das Radwegenetz in und um die Stadt herum ist äußerst vielfältig und abwechslungsreich. Da locken der nur wenige Kilometer entfernte Badeweiher oder das Römermuseum Limeseum, Flusslandschaften entlang der Wörnitz oder Schattenwege durch dichte Wälder. Da liegen zum einen zwischen dem mittelalterlichen Rothenburg und Dinkelsbühl knapp fünfzig Fahrradkilometer des Fernradwegs der Romantischen Straße, die sich je nach Kondition wunderbar radeln lassen. Der Taubertalradweg ist ein Klassiker – überhaupt ist Radeln an Flüssen traumhaft schön. So führt der Wörnitzradweg bereits von Schillingsfürst über Dinkelsbühl an der naturbelassenen und sachte fließenden Wörnitz entlang bis nach Donauwörth. Oder der noch recht neu initiierte Fränkische Wasserradweg mit seinen 460 Kilometern, der in einem fränkischen Rundumschlag an Seen und Flussufern vorbeiführt, Rothenburg und Dinkelsbühl mitnimmt und neben Natur- auch Burgen- und Kulturgenuss verbindet. Etwas wilder geht es im Dinkelsbühler Waldgebiet Kesselholz zu. Mountainbiker können sich auf drei herausfordernden Trails mit unterschiedlichen Ansprüchen ausprobieren. Und anschließend im Servicestützpunkt die Schrauben wieder festdrehen.

Adresse Jugendherberge, Koppengasse 10, 91550 Dinkelsbühl, Tel. 9851/5556417, www.tourismus-dinkelsbuehl.de/ihr-aufenthalt/jugendherberge | **Anfahrt** Radler haben von allen Turmdurchlässen Zugang in die Stadt. Das Kornhaus / Die Jugendherberge liegt nordwestlich vom Segringer Tor. | **Tipp** Auch in Rothenburg ob der Tauber gibt es Unterstützung bei Fahrrad-Notfällen: Radkultur, Ansbacher Straße 85, 91541 Rothenburg ob der Tauber, Tel. 09861/3495, www.die-radkultur.de. Ein Schlauchautomat hängt bei E-Rad & Tat, Bensenstraße 17, 91541 Rothenburg ob der Tauber, Tel. 09861/87984, www.e-radtat.de.

26 Der Rosengarten
Bezauberndes Erbe einer Landesgartenschau

Dieser zauberhafte Ort liegt gegenüber dem Rothenburger Tor, sein Zugang ist allerdings etwas versteckt. Macht nichts, denn dieses Blumenparadies ist für echte Genießer. Auf dem Weg dorthin sieht man Prachtexemplare von Karpfen im angrenzenden Weiher ihre Bahnen ziehen, paddelnde Enten und Schwäne schwimmen nahe an die ins Wasser führenden Treppenstufen heran. Hinter dem Pavillon zieht sich eine terrassenförmige Beetanlage den kleinen Hang hoch. In die Terrassen sind einfache Sitzplätze eingefügt, die man sich mitunter mit wild wachsenden Pflanzentrieben oder überhängenden Blättern teilen muss. Bienen summen sich von Blüte zu Blüte, und hin und wieder tanzt ein Schmetterling vorbei. Wer es etwas naturfreier mag, für den stehen in der Wiese hölzerne Panoramabänke, in deren Kuhlen man sich in die optimale Entspannungsposition einfühlen kann. Als Belohnung gibt's einen wunderbaren Panoramablick. Den Hügel aufwärts geht es an Obstbäumen vorbei, bis man in einem wirklich wunderschönen Rosengarten angekommen ist. Laubengänge mit Rosenspalieren, duftende Lavendelstauden, versteckte Sitzbänke und nicht zuletzt ein hoher Wasserbrunnen lassen Alltag und trübe Gedanken schnell verschwinden.

Der Rosengarten am Rothenburger Weiher ist nur einer von vielen wunderschönen Glücksorten im Grüngürtel der historischen Wallanlage der Stadt Dinkelsbühl. Das war nicht immer so. Die Möglichkeiten der Landesgartenschau im Jahr 1988 und der Mut des damaligen Bürgermeisters Jürgen Walchshöfer, der trotz kritischer Stimmen seiner Vision eines grünen Dinkelsbühls folgte, legten die Grundlage für die heutige Stadt- und Landschaftsentwicklung.

Die Bäume in den Alleen sind hochgewachsen, die Zuflüsse der Wörnitz freigeräumt, bürgerfreundliche Grün- und Parkanlagen mit artenreicher Vielfalt sind entstanden – dank einer klugen Entscheidung zur rechten Zeit.

Adresse Dr.-Martin-Luther-Straße, 91550 Dinkelsbühl; direkt vor der Brücke zum Rothenburger Tor weist ein Schild zum Rosengarten am Rothenburger Weiher | **Anfahrt** Parkplatz P4 Bleiche, außerhalb der Stadtmauer Richtung Norden laufen | **Tipp** Führungen im Grünen gibt es bei Pflanzenzauber, Claudia Wäger, Rain 3, 91550 Dinkelsbühl, Tel. 09851/6495, claudia.waeger@gmx.de. Blick durch das Rothenburger Tor in die Innenstadt: Absichtlich versperrte die leicht verkantete Bauweise Feinden die vollständige Sicht auf den Straßenzug.

27 Der Rundweg Dreißigjähriger Krieg

30 Jahre Elend auf drei Kilometern

Wer ganz genau wissen will, wer sich im Dreißigjährigen Krieg wann und wo aufgehalten beziehungsweise wer gegen wen gekämpft, gewonnen oder verloren hat, der ist auf dem Gedenkweg rund um die Altstadt genau richtig unterwegs. Entsprechend der Jahre, die diese grauenvolle Zeit dauerte, wurden 30 Tafeln aufgestellt, die detailgetreu von den historischen Ereignissen berichten. Von 1618 bis 1648 dauerten die kriegerischen Auseinandersetzungen, die hauptsächlich die damalige Bevölkerung in Not und Elend trieben. Es war eine Unzahl kleinerer, machtgieriger, landhungriger und häufig auch religionsbedingter Kämpfe, die sich letztendlich zu einem großen zusammensetzten und in Kriegswellen über die Regionen und die dort wohnenden Bevölkerungen hereinbrach.

Wie immer, wenn kriegerische Auseinandersetzungen das alltägliche Leben zerstören, war der Anbau von Getreide und Tierhaltung kaum mehr möglich, die Menschen hungerten und verarmten. Krankheiten und Seuchen brachen aus, ganze Landstriche vereinsamten und jegliche wirtschaftliche Entwicklung brach zusammen. Durch den Eintritt Dänemarks (ab 1623) und Schwedens (ab 1630) in das Kriegsgeschehen dehnte sich der Machtkampf, an dem auch Frankreich sich beteiligte, auf Europa aus. Allein in Dinkelsbühl fand achtmal ein Wechsel von katholisch-kaiserlichen und evangelisch-schwedischen Besatzern statt. Stets erfolgten Plünderungen durch die marodierenden Truppen, die irgendwie versorgt werden mussten. Die letzte Belagerung Dinkelbühls erfolgte 1648 durch die schwedische Armee. Der Segringer Torturm geriet unter Beschuss, ansonsten blieb die Stadt weitgehend unzerstört. Sie litt aber unter der Versorgungsleistung für die durchziehenden Truppen und deren Plünderungen.

Der Krieg dauerte, bis endlich der Westfälische Frieden unterzeichnet wurde, der diese schreckliche Zeit beendete.

Adresse Beginn des Gedenkwegs am Mühlgrabensteg an der Inselwiese, Länge drei Kilometer; Flyer und Broschüre bietet der Verein »Getreue des Königs Gustav Adolf 1632« | **Anfahrt** Parkplatz P1 Schwedenwiese, zum Mühlgrabensteg laufen | **Öffnungszeiten** jederzeit frei zugängig und barrierefrei | **Tipp** Von Dinkelsbühler Kriegs- und Friedenstagen erzählt das Museum Haus der Geschichte, Altrathausplatz 14, 91550 Dinkelsbühl, www.hausdergeschichte-dinkelsbuehl.de.

DINKELSBÜHL

28 Der Russelberg
Wo ein Mauerdurchlass mit Vogelperspektive lockt

Durch die Russelberggasse geht es hinauf zum Russelberg. Ein breit angelegter Treppenaufgang, gesäumt von einer eindrucksvollen Akazienallee, motiviert auf dem letzten Stück noch einmal kräftig die Beinmuskulatur.

In der Kapuzinergasse hatten sich einst die – namensgebenden – Kapuzinermönche der Diözese Augsburg niedergelassen. Sie errichteten ab 1622 ihr Kloster mit Gartenbereich direkt an der Stadtmauer. Einige Jahre später wurde die kleine Klosterkirche geweiht. In der Nachfolge des heiligen Franziskus von Assisi sind Kloster und Kirche der Kapuziner eher bescheiden und zurückhaltend, sodass man auch heute noch daran vorbeiläuft, ohne dem Gebäude große Aufmerksamkeit zu schenken. Allein die 1729 erstellte Kreuzigungsgruppe ist markant und auffallend. Eher unerwartet zwischen den Häusern wirkt sie ein wenig verloren und wie ein Relikt aus einer längst vergangenen Zeit. Ein wenig ist sie das wohl auch, denn das Kloster wurde 1803 im Rahmen der Säkularisierung aufgelöst. Die Klosterkirche blieb jedoch erhalten, wurde saniert und dient seit 1959 den Heimatvertriebenen aus dem Egerland als Wallfahrtskirche. Im Jahr 1966 wurde sie den beiden Heimatvereinen »Wallfahrts-Gedenkstätte Kreuzberg-Mies« und »Heimatkreis Mies-Pilsen« eine neue Heimatkirche in ihrer Partnerstadt Dinkelsbühl. Sie passen gut zusammen, der ruhige Russelberg und die noch immer franziskanisch geprägte Kirche mit ihrer stillen Ausstrahlung.

Jetzt geht es noch einige Treppenstufen weiter hinauf zu einem Aussichtsplatz, von dem man einen wunderbaren Blick auf die Stadt hat. Hoch stechen die Türme des Münsters Sankt Georg aus dem Stadtbild mit seinen vielen Dächern hervor und bieten eine gute Orientierung in dieser ungewöhnlichen Vogelperspektive. Im Rücken liegt die Stadtmauer, ein heimlicher Durchgang lockt hinaus ins Grüne – und wer mag, entwischt unbemerkt dem Stadtgewusel.

Adresse Russelberggasse, 91550 Dinkelsbühl | **Anfahrt** Parkplatz P4 Bleiche, durch das Rothenburger Tor Richtung Zentrum und in die Russelberggasse abbiegen | **Tipp** Ruhig mal ein Stück außerhalb der Stadtmauer weiterspazieren, der nächste Durchgang kommt bestimmt!

DINKELSBÜHL

29 Die Schneckennudel
Das Festgebäck für Kinderhände

Zwei Wochen im Jahr prägen das Dinkelsbühler Stadtleben: Die Kinderzeche stellt alles auf den Kopf und das traditionelle Festgebäck auf den Tisch. Also ran an die Rührschüssel!

Zum Nachbacken braucht es 500 Gramm Mehl, das mit in warmer Milch angerührter Hefe und 80 Gramm Zucker gut vermischt wird. Hefeteig braucht Ruhe und Gelassenheit. Mit genau diesen Zutaten lassen sich auch die Ausnahmetage während der Kinderzeche überstehen, wenn so manches Familienmitglied im nachgestellten Bauern- oder Schwedenlager abtaucht, ab und zu beim Bad in der Wörnitz gesichtet wird und zum Ausklang der Tage glücklich und zufrieden wieder am heimischen Küchentisch auftaucht. Während der Hefeteig also entspannt in seiner Schüssel am warmen Platz vor sich hin geht, werden Rosinen in Wasser auf- und anschließend in Rum eingeweicht. In sanfter Herdwärme währenddessen reichlich Butter in der Pfanne zerlaufen lassen. Den schön aufgegangen Teig mit den Händen geschmeidig kneten. Im Mittelalter war das Handwerk hoch geschätzt, gemäß dem Spruch: »Handwerk hat goldenen Boden«. Hefeteig ist der ideale »Handwerker«-Teig. Dann den Teig im Rechteck ausrollen und mit der zerlassenen Butter bestreichen. Darauf ein Gemisch von Zucker und Zimt streuen und die eingeweichten Rosinen auf der Fläche verteilen. Nun braucht es Fingerspitzengefühl, um den belegten Teig von der breiten Seite her schön gleichmäßig aufzurollen. Mit einem scharfen Messer, das in keinem mittelalterlichen Soldatenlager fehlen darf, gleichmäßige Stücke von der Rolle schneiden. Jedes Schneckenstück bekommt noch ein Bad in der Restbutter und wird dann mit der offenen Schneckenrollenseite in eine feuerfeste Form gesetzt. Zum Schluss wandert die Schnecken-Kompanie in den Ofen und kommt zart-knusprig gebacken wieder heraus.

Die Schneckennudel noch lauwarm mit Puderzucker bestreuen … und schnell wieder raus in die Gassen!

Adresse während und kurz vor beziehungsweise nach der Kinderzeche im Juli in allen Dinkelsbühler Bäckereien; zum Beispiel im Café am Münster, Weinmarkt 2, 91550 Dinkelsbühl, www.cafeammuenster.de | **Anfahrt** außerhalb parken und ins Zentrum laufen | **Öffnungszeiten** Café am Münster: Di–Mi 9–18 Uhr, Do–Fr und Sa–Mo 10–18 Uhr | **Tipp** Alternativ gibt es das ganze Jahr über feine Leonidas-Pralinen im Café Central, Segringer Straße 5. Hier wird die Wahl zur echten Qual.

30 Die Töpferei am Tor

Teller, Tassen, Eierbecher – so schmeckt's besser!

Ein gelbes Haus, umrankt von Glyzinie und Kletterrose, Gartendeko und Töpferwaren in großen geflochtenen Körben unterhalb der geöffneten Fenster – einladender kann die Aufforderung zum Betreten des Ladens gar nicht sein. Im Inneren finden sich Geschirr und Keramik, individuell gearbeitet und vor allem auf den praktischen Gebrauch ausgerichtet. Die Werkstatt ist gleich angeschlossen und neugierige Blick sind gern gesehen. Was sich auf der Töpferscheibe dreht und mit viel Fingerspitzengefühl Form annimmt, bekommt eine lebensmittelechte Glasur und wandert sorgfältig getrocknet in den Ofen. Dort wird das Tongut bei 1.230 Grad zu Steinzeug gebrannt und kommt als farbiges, jederzeit im Alltag gebrauchsfähiges Zubehör wieder heraus.

Ganze Geschirrserien in unterschiedlichen Farben und Mustern zeigen sich in den Regalen, jedes einzelne Teil strahlt Individualität und Einzigartigkeit aus. Daneben stehen Schüsseln in vielen verschiedenen Größen, bauchige und schlanke Tassen, kühlende Buttergefäße und wunderbare zum Backen geeignete Kuchenformen und -platten. Für Lasagne-Fans gibt es liebevoll geformte Kastenformen unterschiedlicher Ausmaße, von einer Nudelplatte bis zu drei nebeneinander liegenden: Inhalt einfüllen, Deckel drauf, ab in den Ofen und mitsamt Steingutform direkt auf den Tisch. Sowohl optisch als auch für den Gaumen ein Genuss.

Liebevolles Kindergeschirr mit dem Raben Socke, der heiß geliebten Tigerente oder die Zwei-Henkel-Tasse vom kleinen König lassen Kinderherzen höherschlagen. Vogelfreunde hängen durchdachte Futterspender und -halter als dekorativen Gartenschmuck im herbst- und winterlichen Garten auf – als Einladung für fliegende Wintergäste. Im Sommer erledigt eine getöpferte Fliegenfalle ihre Dienste und ist zugleich ein dekorativer Blickfang.

Was könnte besser zur ehemaligen Handwerkerstadt passen als diese Töpferwerkstatt?

Adresse Segringer Straße 61, 91550 Dinkelsbühl, Tel. 09851/7339, www.toepferei-am-tor.de | Anfahrt Parkplatz P3 Alte Promenade, durch das Segringer Tor in die Stadt laufen | Öffnungszeiten Mo–Fr 10–12 und 14–18 Uhr, Sa 9–12 Uhr, Mi Nachmittag geschlossen | Tipp Handwerkliche Tradition wird in der Bäckerei Eichner gelebt. Einige Spezialitäten wie Krapfen, Schneckennudeln, Zwiebelkuchen oder Nussbrot gibt es nur wenige Wochen im Jahr.

31 Das Wörnitzstrandbad

Mit den Fischlein im naturtrüben Badegenuss

Niemand muss sein Handtuch über eine Liege werfen, um seinen Platz im Schatten zu sichern. Auch wenn es an heißen Sommertagen in den Ferien hoch hergeht, wirkt das Strandbad nie überfüllt. Es ist genug Platz auf der großen Rasenfläche mit ihren schattenspendenden Bäumen. Die Wörnitz fließt unbeeindruckt und gemächlich vorbei. Im naturtrüben Wasser bleiben die Fischbewohner den Schwimmern zumeist verborgen, während das eine oder andere Seegras sanft am Bein entlangstreift. Zufall oder nicht – das Strandbad liegt direkt in einer durch Sandablagerungen entstandenen seichten Wörnitzfurt. Früher mussten die pferdegezogenen Handelskutschen hindurch, um dem alten Nibelungenhandelsweg zu folgen. Heute ziehen Gänse, Schwäne und Enten ihre Bahnen. Durch die entstandene Krümmung wird die Strömung gebremst, der Fluss schiebt sich mit kaum merklicher Geschwindigkeit am Freibad vorbei, und Badebegeisterte können ohne Angst vor starker Strömung das kühle Wasser genießen.

Während direkt nebenan in der Altstadt gefeiert und eingekauft wird, herrscht im Freibad entspannte Atmosphäre. Die unverzichtbare Portion Pommes vom Kiosk gehört ebenso dazu wie eine Runde Volleyball. Die historischen Umkleidekabinen mit ihren einfachen Holztüren sind völlig ausreichend und fügen sich genau wie die anderen Gebäude unaufdringlich in das gesamte Areal ein. Langweilig wird der Tag hier garantiert nicht! Für Kinder, Nichtschwimmer und Naturwasserscheue gibt es einen eigenen Pool mit klarem Wasser und Durchblick bis zu den Füßen. Zum Trampolinspringen geht's nur schwimmend durch das Flusswasser, und wer den langsamen Kaltes-Wasser-berührt-Bauch-Kitzel umgehen will, taucht mit dem Schwung der Wasserrutsche durch die Oberfläche. Auf einem langen Holzsteg hinaus auf die Wasserfläche kann man einfach nur sitzen und das Leben mit baumelnden Beinen genießen – mehr Naturnähe geht kaum.

Adresse Bleichweg 2, 91550 Dinkelsbühl, Tel. 09851/9498, dinkelsbuehl.de | Anfahrt Parkplatz P4, durch die Grünanlage am tollen Spielplatz vorbei zum Freibad | Öffnungszeiten Sommermonate (witterungsabhängig) täglich 10–19 Uhr, mit Tretbootverleih; Geburtstagskinder: Eintritt frei! | Tipp SUP, Marc Hallhuber, Tel. 0170/3305248, www.paddle-surfer.de. Die Touren sind richtig anstrengend und für sportliche Jugendliche/Erwachsene mit SUP-Erfahrung geeignet.

DINKELSBÜHL

32 Das Wooligang
Abfall ist der neue Wertstoff!

Wer entspannt zwischen Regalen und Tischen stöbert, kann mit Glück erleben, wie vielleicht gerade sein Herzensprodukt entsteht. Bei Wooligang läuft alles Hand in Hand an einem Ort: Ideenschmiede, Werkstatt, Lager, Produktionsbereich und Verkauf mit Kundenkontakt im eigenen Geschäft. Da kann es schon passieren, dass man plötzlich an der Werkbank steht oder einen Korb mit Lodenstoff entdeckt, der weniger zum Verkauf als zur Weiterverarbeitung geeignet ist. Ganz im Sinne einer mittelalterlichen Handwerksstube und damit passend zur Dinkelsbühler Geschichte.

Ausgangspunkt bei allen Produkten ist Schafwolle in Form von Wollpressplatten-Verschnittstücken, hochwertigen Lodenresten oder Produktionsabfällen von Dämmmaterial aus Schafwolle. Es geht darum, praktische und sinnvolle Dinge zu kreieren, die einsetzbar und langlebig sind. Mit Mut zur Kreativität und großer Designerfahrung entstehen wunderbar praktische Alltagsdinge von Schalen und Körben bis zu Lampen und Taschen. Mit wenig Fremdmaterial, faszinierend schlicht in der Form und mit verblüffend einfachen Faltungen stehen sie unaufgeregt elegant in den Regalen. Zahlreiche Themen- und Jahreszeitenfiguren werden nach eigenen Entwürfen mit einem CNC-Cutter in einer Ecke des Raums aus hochwertigem Wollpressplattenmaterial geschnitten. Das Ergebnis sieht man auf alten, recycelten Fassdauben-Schienen. Hier marschieren die handhohen Musikersilhouetten der Knabenkapelle als Aufsteller vorbei, Pikeniere und die Kinderlore ergänzen das Kinderzech-Sortiment. Vom Entwurf bis zum Schnitt ein transparenter Produktionsprozess zum Miterleben.

Wesentlich bei Wooligang ist die Wertschätzung für das Naturprodukt Schafwolle, sei es Lodenstoff oder gepresste Platten. Die Produktionsreste fordern die Kreativität immer wieder neu heraus. »No waste« ist das Ziel. Und dies kann durchaus ein Kronleuchter aus Wollpressplatten sein.

Adresse Elsassergasse 2, 91550 Dinkelsbühl, Tel. 09851/5269128, wooligang.de | **Anfahrt** Parkplatz P4 Bleiche, Richtung Spitalhof laufen | **Öffnungszeiten** Di–Fr 9.30–18 Uhr, Sa 9.30–15 Uhr | **Tipp** Nicht nur die Wolle, auch das Fleisch der Schafe gehört zur nachhaltigen Verwendung. Regionales Lammfleisch gibt es nach Vorbestellung bei der Schäferei Belzner, Schafhof 1, 91749 Wittelshofen, Tel. 09854/1221.

DINKELSBÜHL

33 Der Grafenmichelhof
Wo's die fränkische Pizza gibt

Auf zum Hitzplaatzessen beim Grafenmichelhof! In fahrradtauglicher Nähe zu Dinkelbühl gelegen, ist der Weg nicht weit und lohnt allemal. Der Familienbetrieb baut Getreidesorten wie Dinkel, Emmer, Roggen und Weizen an. Das daraus gebackene Brot und Kleingebäck bereichert das breite Sortiment im angeschlossenen Hofladen, der liebevoll mit regionalen Produkten bestückt ist und durch Angebote von Kleinmanufakturen bereichert wird. Hier findet sich immer ein kleines Mitbringsel oder Geschenk für liebe Menschen. Bauernhofeis gibt's im Automaten rund um die Uhr, und was könnte Kinder mehr zu einer Fahrradtour locken?

Und der Hitzplaatz? Den gibt es zu bestimmten Terminen oder Anlässen nach Anmeldung. Im verwunschenen Kräuter-Durcheinander-Gärtchen stehen etwas versteckt das 100-jährige Backhäuschen und darin der ebenso alte Steinofen. Er spielt die Hauptrolle an den Hitzplaatztagen, wenn die Gäste bei schönem Wetter an den Tischen unter den schattigen Bäumen sitzen oder regengeschützt in der Scheune Platz genommen haben. Gute Gespräche lassen schnell die Zeit vergehen.

Der Ofen feuert schon viele Stunden vorher, damit die Temperatur fürs Brotbacken richtig hochheizen kann. Traditionell kommt nach dem Hitzplaatz der Brotteig in den Ofen. Die Temperatur passt, und die gebackenen Laibe finden ihre Abnehmer im Hofladen. Um herauszufinden, wie heiß der Ofen tatsächlich ist, wird vorab der Hitzplaatz eingefahren. Ein flaches Stück Teig, traditionell einfach belegt mit Speck und Zwiebeln. Ein wohlschmeckendes Thermometer, das nach wenigen Minuten wieder herausgeholt wird und herrlich kross und würzig schmeckt. Jetzt geht es zügig in und aus dem Ofen, ein verlockender Duft weckt den Hunger, und ein geschnittener Hitzplaatz nach dem anderen wird von Tisch zu Tisch gereicht. Von der Hand in den Mund, dazu ein kräftiges Getränk und dies und das, mehr braucht es nicht.

Adresse Oberwinstetten 2, 91550 Dinkelsbühl, Tel. 09851/3788 | **Anfahrt** von Dinkelsbühl Richtung Segringen fahren und dem Wegweiser nach Oberwinstetten folgen | **Öffnungszeiten** Mi 8–15 Uhr, Fr 13–18 Uhr, Sa 8–13 Uhr; Gästeführungen, Brotbackseminare und Hitzplaatzessen nach Vereinbarung | **Tipp** Beim Ohra-Willi in Unterwinstetten gibt's sonntags Mittagstisch und nachmittags Tanzkaffee. Donnerstags wird gesellig gewandert: Gaststätte Waldesruh, Tel. 09851/2786, www.ohra-willi.de.

34 Der Friedhof
Im Tod sind alle gleich

Segringen war die erste Siedlung am Wörnitzgrund und damit die Urgemeinde noch vor dem heute weit bekannteren Dinkelsbühl. Die romanische Kirche Sankt Vinzenz ist das Herz des Dorfs, die größte Sehenswürdigkeit ist – so merkwürdig es klingt – der Friedhof. Seit 1978 ist er offiziell denkmalgeschützt, das Besondere zeigt sich auf den ersten Blick. Woher die Idee der Grabgestaltung mit Steinumrandung und den goldverzierten Holzkreuzen mit Minimalbeschriftung kommt, ist nicht geklärt. Vermutlich entstand der Brauch in der Zeit zwischen 1800 und 1820, vielleicht aber auch später. Jedenfalls entwickelte sich damals in Segringen eine einzigartige Tradition, die bis heute beibehalten wird.

Alle Gräber sind niedrig bepflanzt und halten so den Blick frei auf einheitliche, schwarz-goldene Holzkreuze. Sie stehen alle in gleicher Höhe an den Steinbegrenzungen der Gräber, schön geordnet in klaren Reihen. In dieser Einheitlichkeit mit starker Ausdruckskraft entsteht eine wohltuende, würdevolle Atmosphäre, die dem Tod ein wenig die Schärfe nimmt und Gemeinschaft schafft. Für Lebende als auch Gestorbene, denn Familien- oder Ehegräber gibt es genauso wenig wie Platzreservierungen.

Je nach Blickwinkel sind auf den Kreuzen der Name und die Lebenszeit in Jahren, Monaten und Lebenstagen lesbar. Alle Lebenszeit ist kostbar. Da liegt der Zimmermann neben der Altsitzerin, etwas weiter die Hausfrau oder die Näherin. Auf der anderen Kreuzseite stehen die lebensbegleitenden, individuellen Verse oder Sprüche aus der Bibel.

Die Grabreihen ziehen sich inzwischen um das Kirchlein herum, der Weg über den Friedhof wird zu einem meditativen Erlebnis. Immer wieder bleibt der Blick an einem Wort, einem Vers hängen oder verweilt am Gesamteindruck der schmucken Kreuze. Die naturnahen und doch liebevollen Bepflanzungen sind ein wunderbar beruhigender Kontrast zum Golddekor der Kreuze.

Adresse Segringen 3, 91550 Dinkelsbühl, Pfarramt Segringen, Tel. 09851/555136, pfarramt.segringen@elkb.de | Anfahrt Dinkelsbühl durch das Segringer Tor verlassen, der Ellwanger Straße folgen, über den Kreisel bis zum Abzweig Rain-Segringen; der Friedhof liegt direkt an der Kirche | Öffnungszeiten ganzjährig geöffnet | Tipp Auf dem Flügelaltar in der Kirche zeigt sich der heilige Christophorus ganz ungeniert mit hochgekrempelten Unterhosen, als wolle er die Wörnitz durchqueren.

35 Summer Breeze

Wenn Blasmusik auf Metal-Power trifft

Drei Tage lang verändert sich im August das gewohnte Bild in den Gassen von Dinkelsbühl. Schwarz gekleidete Menschen überall, als würde die Stadt Trauer tragen. Das Gegenteil ist der Fall! Vor den Stadttoren im grünen Umland steigt das Summer-Breeze-Festival, das alles andere als eine leichte Brise ist. Das gesamte Metal-Spektrum ist auf den Bühnen vertreten und erzeugt musikalisches Donnergrollen und Feuerwerk-Gewitterblitze, was die angereiste Menschenmenge begeistert über sich ergehen lässt. Sie feiern selbstvergessen ihre Metal-Idole. Was einst als kleines Open-Air-Event in Abtsgmünd begann, hat sich zum größten Metal-Festival im süddeutschen Raum entwickelt. Über 40.000 Fans kommen zusammen und verbringen drei Tage im Ausnahmezustand. Es ist eines der friedlichsten Festivals überhaupt, obwohl in den ersten Jahren schwere Bedenken herrschten und sich kaum jemand im ländlichen Raum vorstellen konnte, was da eigentlich drei Tage lang passieren sollte. Death, Black, Thrash, Power und Heavy Metal, Mittelalter-, Country- und Folk-Rock, Metalcore und wie die Genres alle heißen, säuseln keine Lieblingsmelodien für jedermanns Ohren.

Blasmusik allerdings auch nicht. Doch ausgerechnet bei diesem Hardcore-Musikevent passt beides zusammen: Die Eröffnung gehört traditionell der Blasmusik Illenschwang. Schon die ersten Töne werden von der schwarzen Meute vor der Bühne bejubelt und mit einem kräftigen Moshpit begrüßt. Melodisch wohl letztmalig für die nächsten Tage wird zum »Kufsteiner Lied« geschunkelt und lautstark mitgesungen. Danach geht's ab. Nebelschwaden wabern, Lightshows blitzen, dunkle Kapuzengestalten erscheinen – und überhaupt scheint eine Band die andere mit ihren Horroreffekten und martialischem Auftreten übertreffen zu wollen. Die Stimmung ist gigantisch, gefeiert wird bis zum Umfallen. Drei Tage lang trifft Summer Breeze auf Dinkelsbühl … Wow!

Adresse Flugplatzgelände Sinbronn, Aeroclub Dinkelsbühl, Flugplatzstraße 1, 91550 Dinkelsbühl | **Anfahrt** von Dinkelsbühl B 25 Richtung Wassertrüdingen und St 2218 nach Sinbronn | **Öffnungszeiten** Das Festival findet Mitte August statt. | **Tipp** Rundflüge in die Umgebung, Termine und Kosten: Stefan Bittel, Tel. 09852/7039960. Tandemsprünge werden über den Partnerverein »Skydive Ries« organisiert: tandem@skydive-ries.de.

… DINKELSBÜHL-ULRICHSHÖHE

36 Die Wallfahrtskirche
Eine Kapelle am Grenzweg

Sie liegt auf der Ulrichshöhe südlich von Dinkelsbühl, deutlich sichtbar durch ihren solitären Standort. Fast dreißig Jahre wurde daran gebaut, bis sie als Wallfahrtskirche im Vorarlberger Stil 1729 fertiggestellt wurde. Die Kapelle ist im Innern eher schlicht und aufgrund ihrer Beschaulichkeit ein beliebter Hochzeitsort, zumal nach der Renovierung 1972 die Konfessionsgrenze aufgehoben wurde. Was auch passt, denn die katholische Kapelle Sankt Ulrich wird von einem evangelischen Ehepaar aus dem anliegenden 300 Jahre alten Wohnhaus betreut.

Sankt Ulrich ist der Schutzpatron der Diözese Augsburg, gemeinsam mit der heiligen Afra. Bischof Ulrich befreite mit König Otto I. im Jahr 955 Augsburg auf dem Lechfeld von dem Reitervolk der Magyaren und wurde dafür sehr verehrt, später dann heiliggesprochen. Der Legende nach erschien die heilige Afra dem schlafenden Bischof und zeigt ihm im Traum, wie er in einer schwierigen Situation der Jahre 953/954 zu handeln habe. Seit dieser Begegnung werden beide Heilige in der Kirchengeschichte zusammen dargestellt, wobei Afra trotz ihrer wegweisenden Erscheinung oft im Hintergrund bleibt. In Sankt Ulrich ist sie links neben dem Altar abgebildet, das Bild gegenüber zeigt Ulrich in Anspielung an das Fischwunder. Denn auch Männer können im Gespräch die Zeit vergessen. So saß Ulrich über den Donnerstag hinaus bis zum Freitagmorgen mit dem Bischof zu Konstanz zu Tisch. Frevelhaft war es damals, freitags Fleisch zu essen! Bevor jedoch bösartige Menschen ihn verraten konnten, hatte sich das Gänsefleisch in Fisch verwandelt und Ulrich war gerettet.

Übrigens, diese kleine Einöde ist tatsächlich zweigeteilt. Die Wallfahrtskirche mit ihren zwei Einwohnern gehört zur Gemeinde Sankt Ulrich und damit zu Dinkelsbühl, die zwei Wohnhäuser auf der anderen Seite der Straße gehören zum Ort Hasselbach und damit zu Mönchsroth.

Adresse Sankt Ulrich 1, 91550 Dinkelsbühl-Ulrichshöhe | Anfahrt von Dinkelsbühl über die Mönchsrother Straße Richtung Radwang abbiegen, Richtung Hasselbach, an der Kreuzung nach Sittlingen, auf einer Anhöhe liegt Sankt Ulrich | Öffnungszeiten Die Kirche ist täglich geöffnet. Sollte sie verschlossen sein, gegenüber bei Familie Schürrle nachfragen. | Tipp Nicht weit hinter der Kirche ist ein Platz für ein kleines Picknick. Einfach mal Ruhe und Aussicht genießen!

DINKELSBÜHL-WALDECK

37 — Die Drehorgelmanufaktur

Wo man in Jahrmarktsklängen schwelgen kann

Sie sind Relikte aus einer anderen Zeit mit ihren unverwechselbar leiernden Klängen. Eine leise Erinnerung an Jahrmarktatmosphäre – und mitten drin steht jemand mit kreisender Armbewegung vor einem Instrument auf einem kinderwagenähnlichen Untergestell und erzeugt diese orgelnde laute Musik. Bis in die Nachkriegsjahre um 1950 herum gehörte die Drehorgel in all ihren Facetten zu den üblichen Straßengeräuschen, ihre Lieder wurden mitgesungen, und als Dank gab es einige Münzen in den Sammelteller. Dann machten ihr Radio und Fernsehen die Aufmerksamkeit streitig, der Autolärm nahm zu und viele eilten achtlos am Drehorgelspieler vorbei. Das Instrument verschwand aus dem Straßenbild. Und aus der Erinnerung.

Nur im kleinen Waldeck und an ganz wenigen anderen Orten wird sie mehrmals im Jahr wieder zum Leben erweckt. Die einzigartige Drehorgelmanufaktur erhält Bestellungen aus der ganzen Welt für den Bau neuer Instrumente. Und jedes ist so individuell wie sein zukünftiger Besitzer. Von Anfang an wird jedes Werkstück technisch genau geplant, in Handarbeit jedes einzelne Teil exakt und präzise ausgearbeitet. Das Holz der heimischen Fichte, Elsbeere oder des Ahorns wird geschnitten, geschliffen und aufbereitet, Rinds- und feines Ziegenleder wird für den Blasebalg zugeschnitten, die Pfeifen werden zusammengestellt, und die dekorative Bemalung des Drehorgelkastens erfolgt wunschgemäß. Keine ist wie die andere, je nach Musikrichtung lassen sich Glockenspiel, Pauken oder weitere Klänge einbauen. Die fertige Drehorgel bekommt zuletzt ihren fahrbaren Untersatz – und die musikalische Unterhaltung kann beginnen.

Die alten Gassenhauer müssen es nicht mehr sein. Die früheren Lochstreifen sind längst digital ersetzt, und es wird alles gespielt, von Rock über Volkslieder bis zur Klassik. Dank eines großen Liebhabernetzes gibt es sie noch – die gute alte Drehorgel.

Adresse DELEIKA GmbH, Waldeck 33, 91550 Dinkelsbühl, Tel. 09857/97990, www.deleika.de | **Anfahrt** von Dinkelsbühl über die Crailsheimer Straße nach Seidelsdorf und Unterraddach, danach abbiegen nach Waldeck | **Tipp** Neben der Manufaktur gibt es ein kleines feines Drehorgelmuseum. Im Rahmen einer Führung darf man selbst die Kurbel drehen.

DINKELSBÜHL/ROTHENBURG OB DER TAUBER

38 Die Nachtwächter
Zum Garaus des Tages geht's durch die Mannpforte

Städtische Nachtwächter tragen auch in heutiger Zeit noch Verantwortung und nehmen nachtaktive Neugierige mit auf ihre Wege durch die Häuserfronten. Durch sie wird die mittelalterliche Zeit lebendig – mit Geschichten von gesetzlosen und lichtscheuen Gestalten, Unruhestiftern und Anhängern der dunklen Magie. Mit seiner Laterne beleuchtete er versteckte Gesichter und sicherte dunkle Ecken. Dabei konnte die Hellebarde in seiner Hand lebensrettend sein, eine lange Waffe zum Stoßen und Stechen als Wehr gegen Angreifer. Früher war der Nachtwächter im Bunde mit dem unheimlichen Nachtgeschehen, daher mieden anständige Bürger seine Nähe. Heute suchen sie seine Nähe und lauschen seinen manchmal makaberen Geschichten.

Mit ihm geht es durch die dunkle Nacht, die Stunden verfliegen und garantiert sehnt sich keiner nach der guten alten Zeit zurück. Auf den Unrat und Abfall in den müllüberladenen Straßen kann jeder verzichten, und auch einen vollen, zum Fenster ausgeleerten Nachttopf möchte am frühen Morgen niemand mehr abbekommen. Im Gegensatz zu heute waren die Tore beizeiten verschlossen. Wer nicht rechtzeitig vor Dunkelheit eins der Stadttore erreichte, musst sich ausfragen lassen, teures Einlassgeld bezahlen und schlüpfte mit Glück und Redekunst durch die winzige Mannpforte hinter die schützenden Mauern. Vielleicht hatten deshalb viele der edlen Patrizierhäuser wundervolle Innengärten, in denen auch nach dem Läuten der Abendglocken noch verweilt werden konnte.

Heutzutage wacht der Nachtwächter über seine Besucher und führt sie durch die engen Gassen. Manch Sprichwort wird während der Runde auf seinen mittelalterlichen Ursprung zurückgeführt, und während früher vom Wächter stündlich ein Lied gesungen wurde, hören heute die manchmal leidgeplagten Hausbewohner die Nacht für Nacht wiederkehrenden Geschichten von früher vor ihren Fenstern.

Adresse Am Marktplatz, 91541 Rothenburg ob der Tauber; Münster Sankt Georg, Weinmarkt 2, 91550 Dinkelsbühl | **Anfahrt** in beiden Städten außerhalb der Stadtmauer parken und zum Marktplatz laufen | **Öffnungszeiten** Rothenburg: bis 7. Jan. täglich 21.30 Uhr (nicht am 24. und 31. Dez.), 8. Jan.–1. April Sa 21.30 Uhr, ab 2. April täglich 21.30 Uhr, 20 Uhr in englischer Sprache, www.nightwatchman.de, Kosten: 8 Euro; Dinkelsbühl: Nov.–Ostern Fr/Sa 21 Uhr, Osterferien–Okt. 21 Uhr, www.dinkelsbuehl.de, kostenfrei | **Tipp** Auf www.nachtwaechter-gilde.de findet sich das bekannte Nachtwächterlied aus Franken und Schwaben. Jeder Stunde von eins bis zwölf ist eine Strophe gewidmet.

39 Die Parkplatzfrage
Vom Glück der Brötchentaste und engen Stadttoren

Als Stadtbesucher kennen wir es alle. Wohin mit dem Auto? Meistens gilt das Motto: möglichst nah ran ans Ziel! Dinkelsbühl und Rothenburg haben große Parkflächen durchnummeriert und entsprechende Leitsysteme installiert. Das macht die Entscheidung manchmal noch schwerer, den optimalen Zugang zu finden.

Eine Entscheidungszwangslage wegen der Höhe der Parkgebühren gibt es in Dinkelsbühl unglaublicherweise nicht. Die wirklich allermeisten Großparkflächen rund um die Stadt sind tatsächlich gebührenfrei. Das Parkgeld kann so genussvoll in Eis oder Kaffee und Kuchen umgemünzt werden. In der Altstadt sieht man Autos nicht so gern. Um dem Unmut von Parkgebühren ein Friedensangebot entgegenhalten zu können, wurden die neuen Parkuhren mit einer Sonderfunktion versehen. Wer schnell – also wirklich schnell – was erledigen oder die morgendlichen Brötchen beim Bäcker holen will, braucht am Parkautomaten nur die Brötchentaste drücken und bekommt dreißig Minuten freie Parkzeit geschenkt. Eine Null auf dem Parkschein!

In Rothenburg dagegen erlauben die schmalen Gassen und die Enge der Stadttore nur äußerst wenig privaten Autoverkehr auf den Kopfsteinwegen. Pferdekutschen und Handelswagen waren im Mittelalter kein Problem, der heutige Lieferverkehr macht den Stadtplanern Probleme. Es geht nur durch die starren Stadttore der früheren Handelswege hinein und hinaus. Deswegen gibt es die Rothenburger Höhenvignette für Fahrzeuge ab 2,85 Meter. Damit fällt das Klingentor im Nordosten mit seinen 2,20 Metern Höhe schon mal weg. Und endgültig Schluss ist mit einer Höhe bis 3,90 Meter. Sensibel ist das Galgentor, hier darf man ab 3,70 Meter gerade noch so im Schrittempo innerhalb der Markierung hindurchfahren.

Touristen parken vor den Toren an der Stadtmauer, alle Wege führen schließlich zum Marktplatz. Und ja, hier wird über eine App, Karte oder per Kleingeld gezahlt.

Adresse Dinkelsbühl P1–P5 außerhalb der Altstadt, Rothenburg ob der Tauber P1–P5 außerhalb der Altstadt; genaue Parkinformationen unter www.tourismus-dinkelsbuehl.de und www.rothenburg.de | Anfahrt Dinkelsbühl: A 7 Würzburg–Ulm, Ausfahrt Dinkelsbühl/Fichtenau; Rothenburg ob der Tauber: A 7 Würzburg–Ulm, Ausfahrt Rothenburg ob der Tauber | Tipp Wer lieber ohne Parkplatzsorgen reist: Beide Städte haben Bahnhöfe und sind gut an regionale Fahrradnetze angeschlossen.

40 Die Stadtmauern
Alles aus Stein: Tore, Türme, Mauerwege

Orte mit Stadtmauer haben ein ganz besonderes Flair, und die Lage an einem Fluss wie Tauber oder Wörnitz bildet sozusagen das Sahnehäubchen dazu. Beides bildet den Rahmen für längst vergangene Geschichten, den Zauber der Spurensuche und belegt die Entstehung der Gegenwart aus der Vergangenheit: Ein Mauerrundgang verbindet Gestern und Heute. Der Bau einer Stadtmauer dauert viele Jahrzehnte. Erst entstehen einzelne Türme, um den Feind im Blick zu halten. Gräben und Wälle werden streckenweise durch Steine ersetzt, an den entstandenen Mauern verlaufen abschließend die Wehrgänge zur Verteidigung. In Dinkelsbühl ist die Stadtmauer auf einer Länge von 2,5 Kilometern noch vollständig erhalten, einmal herum ergibt sich ein Spaziergang von drei Kilometern. In Rothenburg ist man auf dem Turmweg vier Kilometer unterwegs. Insgesamt 46 einzelne Mauer- und Stadttürme hat die Stadt zu bieten, in Dinkelsbühl sind es 18 Türme und Tore.

Geld für die Infrastruktur war für Dinkelsbühl bereits im 14. Jahrhundert ein wichtiges Thema. Ein Teil des Mauerrings, unter anderem das bis heute erhaltene Wörnitztor aus der Stauferzeit wurde beispielsweise von 1372 bis 1461 mit dem »Ungelt«, einer Umsatzsteuer, in diesem Fall auf Bier, finanziert. Zechen für die schützende Stadtmauer war ein gutes Argument für den nun ansteigenden Alkoholkonsum. Noch heute steht das Tor prächtig da. Allerdings ging es auch andersherum. Als die Stadtkasse im 19. Jahrhundert mau war, brachte der Verkauf von Mauersteinen wieder Geld in die Kasse.

Die Rettung der Steinmauern kam durch König Ludwig I., der 1826 ein Gesetz zur Denkmalpflege erließ und den Steinhandel beendete. Heute trägt jeder einzelne Mauerstein zur Attraktion der Städte bei: Dinkelsbühl mit seinen einzigartig vielfältigen Türmen und Durchlässen, Rothenburg mit seinen wunderbaren Wehrgängen und Panoramablicken ins Taubertal.

Adresse Mauerspaziergänge: »Türme und Tore« in Dinkelsbühl. Der »Rothenburger Turmweg« mit Wehrgangsaufstieg am Rödertor. Überall gibt es Mauer-Durchgänge oder Zustiege zum Wehrgang. | Anfahrt in beiden Städten außerhalb der Stadtmauer parken | Tipp Eine Schatzsuche für Geocacher ist in beiden Städten attraktiv, und für Mauerwanderungen mit Kindern gibt es eigenes Material bei den Touristeninfos. Eisdielen liegen stets Richtung Stadtkern!

41 Die Mammutbäume
Wie eine Fehlbestellung unsere Wälder bereichert

Klammheimlich haben sie sich unter die heimischen Waldbäume gemogelt und sind still und leise vor sich hingewachsen: die exotischen Mammutbäume. Lange konnten sie sich nicht verbergen, denn sie wachsen einfach schneller als ihre Nachbarbäume und ragen nach einigen Jahrzehnten über sie hinweg. Wer einfach so spazieren geht, muss sie nicht entdecken. Mitten im Wald zwischen Tannen, Kiefern und Fichten wirken sie nicht dominierend anders, aber irgendetwas ist einfach anders. Auffallend ist die Rinde mit ihrer ganz speziellen Struktur. Und spätestens, wenn der Blick nach oben und der Kopf immer weiter in den Nacken wandert, wird klar, dass es sich nur um einen wunderbaren *Sequoiadendron giganteum* aus Wellingtonia handeln kann.

Von dort kamen im Jahr 1864 die ersten Samen. In seiner großen Baumbegeisterung bestellte König Wilhelm I. in Amerika Samen dieser Baumriesen für eine Pflanzung in der Stuttgarter Wilhelma. Durch ein Missverständnis erhielt er viel zu viele dieser kleinen Samenkörner, von denen auch noch unglaublich viele auskeimten und zu kleine Bäumchen heranwuchsen. So viel Platz gab es in der Wilhelma nicht.

So ließ König Wilhelm den Mammutbaumnachwuchs an interessierte Forstwirtschaften verteilen. Darunter auch Freiherr Hugo von Thannhausen, damaliger Oberförster in Ellenberg. Er legte zwischen Ellenberg und Häsle einen Baumpark mit 40 exotischen Bäumen an. Fünf der Riesenbäume sind an- und weitergewachsen. Sie sind – wenn man bedenkt, dass sie 3.000 Jahre alt werden können – noch richtige Jungbäume mit ihren inzwischen rund 160 Jahren. Da ist noch einiges an Wachstum möglich!

Die Wilhelma-Saat ist aufgegangen. Rund um Ellenberg sollen etwa 30 Mammutbäume in verschiedenen Altersstufen wachsen. Um sie weht der Hauch der Ewigkeit, ihre Größe und schlichte Schönheit sind einfach faszinierend. Selbst Borkenkäfer und Co. können ihnen nichts anhaben.

Adresse 73488 Ellenberg. Zwei stehen am Parkplatz Waldentdeckerpfad Schindersklinge, weitere etwa 200 Meter vorher nahe der Weltrekord-Holzbank | Anfahrt von Dinkelsbühl der St 2220 Richtung Wolfertsbronn und Ellenberg folgen, dort am Ortsende in die Häslesstraße, linker Hand ein Hinweis zu den Mammutbäumen – oder weiter bis zum Waldpfad-Parkplatz | Tipp Laut der Mammut-Internetcommunity steht in Wüstenrot der Mammutbaum Nummer eins. 1987 zählte die Forstdirektion Stuttgart in ihrem Bereich 106 Wellingtonien aus der ersten Aussaat.

42 Der Waldentdeckerpfad Schindersklinge

Durch den Wald zu Murmelbahn und Baumspechten

Dieser Waldpfad ist der Kontrast zu braven Sonntagsspaziergängen mit der Familie. Feste Schuhe und alte Hosen sind die geeigneten Kleidungsstücke, denen Walderde und Wasserspiele nichts anhaben können. Ungestört ist man hier wirklich mitten im Wald unterwegs, es geht munter auf naturbelassenen Wegen entlang, über Baumwurzeln hinweg und leichte Anstiege hoch und runter.

Für Kinder gibt es jede Menge zu entdecken, und um den Weg für besonders junge Beine zu verkürzen, ist auch mal eine Rutsche eingebaut. Auf der Barfußetappe heißt es: Schuhe aus und den Waldboden ganz real erspüren. Wer Lust hat, läuft gleich schuhbefreit weiter, das stört weder Hase noch Rehe. Zusätzlich die Hosen hochkrempeln, heißt es beim Wassertretbecken, dessen schlammiger Untergrund zwar nicht einladend, dafür aber gesund sein soll. Je nach Witterung fließt das Wasser mehr oder weniger schnell am kleinen Wasserspielplatz, der sich wunderbar in die Natur einfügt und an dem sich herrlich plantschen lässt. Für Abwechslung sorgt die riesige Kugelrollbahn, die Jüngere wie Ältere gleichermaßen fasziniert. Es ist gar nicht so einfach, über eine so lange Strecke die rollende Kugel in der Holzschiene zu verfolgen! Zur Sicherheit sollte man eigene Kugeln mitnehmen, falls der bereitstehende Kugelkasten leer ist.

Spiel und Spaß hat eindeutig Vorrang beim Laufen über Laub und Geäst, aber zwischendurch gibt es auch Erklärungen zu Pflanzen und Tieren. Eine liebevoll umgesetzte Spielidee sind die bunten Spechte hoch im Baum. Beim Zug an der Schnur hacken ihre Schnäbel am Stamm. Wer Glück hat, kann bei dieser Tour echte Spechte klopfen hören. Ein besonderes Highlight sind einige Mammutbäume, die sich vor vielen Jahren zwischen die heimischen Bäume gemogelt haben. Direkt am Parkplatz stehen bereits zwei Mammutbäume und begrüßen alle, die den Waldentdeckerpfad erleben wollen.

Adresse 73488 Ellenberg, circa ein Kilometer langer naturbelassener Waldpfad, der bei schlechtem Wetter rutschig sein kann | **Anfahrt** von Dinkelsbühl der St 2220 Richtung Wolfertsbronn und Ellenberg folgen, dort am Ortsende in die Häslesstraße und bis zum kleinen Parkplatz | **Tipp** Ideal für Familien mit jüngeren Kindern ohne Kinderwagen. Picknick einpacken und viel Zeit zum Spielen und Entdecken einplanen.

43 Das Drehfunkfeuer
Wo Flugzeuge mit der Erde Kontakt aufnehmen

Es steht auf der Hochebene bei Hohenkreßberg, ringsherum Wald oder landwirtschaftlich genutzte Gebiete, und sieht aus der Ferne aus wie ein kleiner Turm. Allerdings mehr breit als hoch. Kommt man näher, denkt man an eine kleine Raketenstation, denn die Spitze entspricht der Form nach einer kleinen Abschussvorrichtung. Je näher man kommt, desto seltsamer wird es. Vielleicht ein Landeplatz für kontaktfreudige Aliens? Jedenfalls muss es schon länger dort stehen, denn es ist recht eingewachsen von Sträuchern und Bäumen, die sich unbeeindruckt zwischen den vielen Streben ausbreiten.

Das ungewöhnliche Gebilde nennt sich »Funkfeuer Dinkelsbühl«, eine Kombination eines zivilen DVOR/DME (Doppler-UKW-Drehfunkfeuer) und eines militärischen TACAN (Tactical Air Navigation). Es funktioniert als Bodenstation, die den über sie hinweg oder nahe vorbei fliegenden Flugzeugen am Himmel Orientierung bietet. Diese Bodenstation sendet ein UKW-Funksignal, das von einem Empfänger in Flugzeugen ausgewertet und als Richtungs- und Entfernungsinformation auf einem Anzeigegerät abgelesen werden kann. Eine Peilanlage im Flugzeug ist nicht nötig, die Richtungsinformation wird durch das Signal kodiert übertragen. So kann der Pilot kontinuierlich seine Position bestimmen und mit dem nächstgelegenen Funkfeuer abgleichen.

Seit den 1960er Jahren steht das Drehfunkfeuer dort. Waren die ersten Anlagen (1908) primär für Luftschiffe vorgesehen, entwickelte sich die Technik stets weiter und wurde im Zweiten Weltkrieg intensiv für den Flugverkehr genutzt. Moderner wurde es dann in den 1950er Jahren, nach und nach wurde ein Netzwerk an terrestrischer Infrastruktur aufgebaut.

Gerade in dicht besiedelten Ländern mit flachen Landschaften sind Drehfunkfeuer wegen ihrer begrenzten Reichweite sehr gut einsetzbar. Was Leuchttürme für die Schifffahrt, sind Drehfunkfeuer für Flugzeuge.

Adresse 74594 Kreßberg | **Anfahrt** von Dinkelsbühl B 25 Richtung Schopfloch, auf die B 466 nach Marktlustenau, dem Ahornweg folgen nach Hohenkreßberg, außerhalb des Orts liegt sichtbar das Drehfunkfeuer | **Öffnungszeiten** nur von außen zu besichtigen | **Tipp** Ganz in der Nähe liegt das wunderschöne Waldfreibad Bergertshofen mit 50-Meter-Becken. Öffnungszeiten und Infos unter www.kressberg.de, im Sommer Tel. 07957/484.

44 Das Schloss Tempelhof
Anders leben mit Hofladen und -café

Hofläden an sich sind jetzt nicht ungewöhnlich. Dieser schon. Das liegt daran, dass er von der Zukunftswerkstatt Gemeinschaft Schloss Tempelhof geführt wird. Aus dem Hof- wird ein Dorfladen: Hier trifft man Menschen mit zugewandter Offenheit, mit denen der Einkaufsplausch schnell über einen einfachen Wortwechsel hinausgeht. In einer gemütlichen Ecke stehen Sitzgelegenheiten für spontane Couchgespräche, im Sommer lässt sich entspannt auf der Terrasse ein Kaffee trinken. So manch Radfahrer legt auf seiner Tour spontan eine kleine Rast ein und beobachtet das Geschehen an der gegenüberliegenden Scheune oder freut sich, wenn gerade die kleine Pferdeherde vorbeigeführt wird. Die Produkte sind nachhaltig und überwiegend von Bioqualität, Gemüse und Kräuter, Honig, Brot, Tee und Eier kommen aus eigener Bio-Landwirtschaft. Es gibt das Unverpackt-Regal, und eigentlich ist alles da, was man für die Basisversorgung im Alltag braucht.

Wer sonntags unterwegs ist, folgt am besten den Wegweisern zum Schlosscafé. Ein wunderbarer alter Herd steht mitten im umgebauten Raum der ehemaligen Schlossküche und dient im Winter als Holzofen und Wärmequelle. Geführt wird der Betrieb von den Jugendlichen der Schülerfirma. Getreu den Prinzipien der Tempelhofer Gemeinschaft übernehmen sie Projektverantwortung für ihre Ideen und deren Umsetzung und lernen durch Handeln und Erfahrung. Herzlich, individuell und mit selbst gebackenen Kuchenträumen lässt sich ein schöner Nachmittag erleben. Der große Außenbereich liegt naturnah, und Kinder müssen nicht auf den Stühlen ausharren.

Die Menschen der Gemeinschaft Tempelhof haben sich zum Leben in Vielfalt entschlossen und entwickeln kontinuierlich die Vision einer zukunftsfähigen Lebensweise. Ein spannendes Projekt, das inzwischen auch eine staatlich genehmigte, private Grund- und Werkrealschule sowie einen Waldkindergarten betreibt.

Adresse Tempelhof 3, 74594 Kreßberg, www.schloss-tempelhof.de | **Anfahrt** von Dinkelsbühl Richtung Burgstall und Larrieden, von dort nach Marktlustenau und weiter Richtung Kreßberg, davor abbiegen nach Tempelhof | **Öffnungszeiten** Hofladen Mo, Mi, Fr 12–18 Uhr; Schlosscafé So 13.30–17.30 Uhr, cafe@schloss-tempelhof.de | **Tipp** Die Gemeinschaft lebt solidarische Landwirtschaft (über 50 Gemüsesorten) und liefert bestellte Gemüsekisten aus.

45_ Die Adler
Auf den Spuren einer stolzen Vogelfamilie

In Rothenburgs Straßen sollte der Blick immer ein wenig nach oben gerichtet sein. Denn dort sind die Adler zu Hause. Bei ihnen zählt Individualität ohne Grenzen. Ebenso in der Heraldik oder Wappenkunde, die ihre Wurzeln im Mittelalter hat und in ihrer Formensprache wunderbar phantasievoll und manchmal verblüffend kurios ist.

Für Rothenburg gelten zwei Wappen, die an jedem Stadttor auftauchen: die zweitürmige rote Zinnenburg als Stadtzeichen und der schwarze, rotbewehrte Adler in Gold als Zeichen des deutschen Kaiserreichs. Eigentlich ist es eher eine Adlerfamilie, deren Sippschaft an den Toren und Türmen zu finden ist, so verschieden in Aussehen und Charakter sind die fliegenden Boten dargestellt. An der Außenseite des Spitaltors gibt es eine sehr liebevolle Darstellung, bei der vier himmlische Flugbegleiter dem Reichsadler zur Seite stehen. Zwei, die ihn in schwindelerregender Höhe gut festhalten, zwei andere kümmern sich hingebungsvoll um das ausgebreitete Gefieder – Fluchtversuche zwecklos.

Am Rathaus sieht man einen prächtigen, sogar golden gekrönten Königsadler in seinen besten Jahren. Ein stolzer Gefährte herrscht am Stöberleinsturm über zwei Rothenburger Stadtwappen, er wird von zwei blau und rot gewandeten Engeln flankiert und trägt jeweils eine goldene Kugel in den Fängen, ein dritter Engel hält seinen Schild. Am Siebersturm dagegen hat er wohl schon magere Jahre voller Stadtintrigen hinter sich. Der stolze Adler ist nur noch ein Schatten seiner selbst. Richtig leidvoll wird es am Kobolzeller Tor, dort wird der inzwischen Suizidgefährdete von mitfühlenden Engeln vor dem Absturz bewahrt.

Verwirrend ist die Anzahl der Adlerköpfe. Vereinfacht lässt sich sagen, der einköpfige Adler kennzeichnet den Königsstatus, der doppelköpfige Adler steht für den Kaiser. Erst 1919, mit Einführung der Weimarer Republik, darf er wieder einfach Adler sein.

Adresse 91541 Rothenburg ob der Tauber. Spitaltor, Spitalgasse 55; Stöberleinsturm, Spitalhof 8; Siebersturm, Spitalgasse 6; Kobolzeller Tor, Kobolzeller Steige | **Anfahrt** außerhalb der Stadtmauer parken und im südlichen Bereich den Turmweg entlanggehen | **Tipp** Nicht nur die Adlerabbildungen sind zahlreich, die Ausleger an vielen Häusern sind ebenfalls vielfältig und aussagestark.

46 Das Baumeisterhaus
Ein moralisches Gewissen im Zentrum der Stadt

An Rothenburgs berühmtem Baumeister Leonhard Weidmann kommt man nicht vorbei. Er hat der Stadt seine Zeichen aufgedrückt wie kein anderer Baumeister. Sogar ein Haus, das ihm gar nicht gehörte, wurde nach ihm benannt. Er hatte lediglich den baulichen Auftrag für eines der prächtigsten alten Patrizierhäuser im Renaissance-Stil nahe am Marktplatz. Der sehr ungewöhnliche Fassadenschmuck lässt sich auf Weidmanns Pläne von 1590 zurückführen, auch die Steinmetzhandschrift entspricht der des Rothenburger Baumeisters. Erbaut wurde es 1596 für den »Inneren Rat der Stadt«, Michael Hirsching, und zeigt deutlich dessen damalige Machtfülle.

Hirschings Auffassung vom sozialen Leben der damaligen Bevölkerung scheint sich in den Figuren an der Fassade widerzuspiegeln. Hier stehen den sieben menschlichen Lastern die sieben moralischen Tugenden gegenüber. Sogar mit korrekter Frauenquote. Angeblich zeigen die Figuren Ähnlichkeiten mit damaligen Ratsherren und ihren Damen, was auf den Mut und den feinen Humor des Baumeisters verweist.

Die Symbolik lässt sich noch heute deuten. Das Lamm auf dem Arm steht für das christliche Zeichen der Sanftmut. Der dicke Geldsack steht für den Geiz. Damals lenkten wenige, sehr reiche Familien nach ihrem Belieben die Geschicke der Stadt und das Leben der Bürger. Bei der Schlange wird es schon schwieriger. Steht sie einerseits für Verlogenheit und Falschheit, windet sie sich andererseits noch heute hoffnungsvoll im Dienst der Ärzte und Apotheker. Und die Verdoppelung des Reptils steht für die Klugheit. Die Schnecke könnte in der heutigen schnelllebigen Zeit auf wohltuende Langsamkeit verweisen, stand damals jedoch für träge Behäbigkeit. Ebenso hat der Spiegel zwei Gesichter. Im 16. Jahrhundert stand er für Eitelkeit und Hoffart, heute für das Motto »Erkenne dich selbst«. Welche Figur hätte wohl der Baumeister für sich gewählt?

Adresse Obere Schmiedgasse 3, 91541 Rothenburg ob der Tauber | **Anfahrt** Parkplatz P4 Galgentor oder P5 Bezoldweg, zum Marktplatz laufen | **Öffnungszeiten** Figuren sind von außen zu besichtigen; täglich 11–18 Uhr | **Tipp** Die Originalfiguren sind im RothenburgMuseum, Klosterhof 5, in Augenhöhe anzuschauen. Im Innern des Hauses gibt es einen wunderschönen Innenhof mit Malereien aus der damaligen Zeit.

47 Der Biergarten Bronnenmühle

Rothenburgs lauschigstes Plätzchen im Grünen

Was früher einmal ein einsamer Einödhof war, ist heute einer der schönsten Biergärten weit und breit. Vom Radweg oder der Straße aus schaut man erst einmal nur auf ein etwas undefiniertes Hofensemble und zögert, der unbefestigten Straße zum Hof zu folgen. Aber das Glück liegt – wie so oft – um die Ecke! Ein großer freier Platz unter mächtigen hohen Bäumen bildet den klassischen Treffmittelpunkt, in der weiten Grünfläche sind überall Sitzgruppen versteckt zwischen bunt blühenden Sträuchern. Aus kleinen Nischen dringt Gelächter, Fahrräder stehen aufgereiht zur Ruhepause, und ihre Fahrer genießen Rothenburger Landwehrbier. Als Energietrunk gibt es die eigentlich in Skandinavien beheimatete Schwedenmilch und für die Jüngsten ein extra Kinderglas. Die Auswahl an Speis und Trank ist groß, die Entscheidung fällt schwer. Derweil kann man sich ein schattiges Plätzchen suchen, die Tauber fließt direkt am Biergarten vorbei. Kinder können sich auf den Wiesen austoben, die Tauber ist flach genug für Kinderbeine und zum Flusskieselstapeln, während Eltern Entspannung und schattige Ruhe genießen. Während oben in der Altstadt Touristentrubel herrscht, wird hier unten lockere Biergartenstimmung gelebt.

Früher machten ein Wasserhebewerk, eine Getreide- und eine Sägemühle dieses besondere Mühlenensemble aus. Die alte Bronnenmühle besaß schon früh einen Sonderstatus im Mühlental. Im Jahr 1595 wurde hier ein Wasserhebewerk gebaut, durch das – eine einmalige technische Leistung – das Wasser aus der Tauber hoch zum Klingenturm gepumpt wurde. Acht städtische Brunnen wurden so kontinuierlich mit Frischwasser versorgt und wirkten dem chronischen Wassermangel der Stadt entgegen. Erst in den 1950er Jahren wurde der Pumpbetrieb eingestellt und die Stadt an die Fernwasserversorgung angeschlossen. Die ganze Stadt braucht der Biergarten nun nicht mehr zu versorgen. Das wäre dann doch etwas zu viel.

Adresse »Unter den Linden«, Kurze Steige 7b, 91541 Rothenburg ob der Tauber, Tel. 09861/5909, www.unter-den-linden-rothenburg.de | **Anfahrt** unterhalb von Rothenburg am Taubertalweg Richtung Detwang fahren, nach der Barbarossabrücke abbiegen zur Bronnenmühle | **Öffnungszeiten** Frühlingsanfang – 3. Okt., Mi – Fr ab 14 Uhr, Sa, So und feiertags ab 10 Uhr, bei Regen in der Scheune | **Tipp** Wer auf dem Fränkischen Marienweg unterwegs ist, sollte hier unbedingt einen Stopp einplanen. Ganz in der Nähe liegt der Abflugplatz für Ballonfahrten.

48__Die Bonbon-Manufaktur
Wo Zucker kocht und Bonbons geknetet werden

Da ist Rothenburg schon mit dem Etikett der weihnachts-kitschigen Romantikstadt behaftet, dann kommt auch noch eine traditionsreiche Handwerkskunst ins Spiel und weht mit ihrem zuckersüßen Duft ein wenig Nostalgie in die vorbeischlendernden Besuchernasen. In dieser modernen Manufaktur der zeitgenössischen Zuckerbäcker entsteht richtiges, echtes, handgearbeitetes, individuell gefärbtes und geschnittenes Zuckerwerk. Lutscher, Zuckerstangen und Bonbontüten in allen denkbaren Geschmacksrichtungen zieren die Regale. In manchen Bonbons verstecken sich gar minikleine, winzig-witzige und kunstvoll arrangierte Motive. Gefertigt wird alles in der Bonbonküche im hinteren Teil des Ladens.

Der Zucker kocht, die Temperatur wird gemessen, vorsichtig ergießt sich die Masse auf die Arbeitsplatte. Ruhe und zügiges Arbeiten wechseln sich ab. Und bald wird klar, dass der Beruf des Zuckerbäckers ein echtes Handwerk ist, für das es Erfahrung, Geduld und vor allem viel Hingabe braucht. Und Kraft!

Um einmal ein glänzendes weißes Bonbon zu werden, muss der inzwischen zähe Zucker immer wieder geknetet, gezogen, geknotet, gedreht, geteilt und und wieder in Form gezogen werden. Dadurch wird Luft eingebunden, und mit jedem Bearbeitungsschritt wird die zuvor transparente Masse wunderbar weiß und glänzend. Ein Teil wird eingefärbt mit hundert Prozent gesunder und veganer Farbflüssigkeit, die der Geschmacksrichtung entspricht. Chemie und künstliche Aromen haben hier nichts zu suchen. Man mag es kaum glauben, aber es entwickelt sich tatsächlich ein erkennbares Muster. Und endlich wird ein langer dünner Strang geformt, von dem viele kleine Stückchen abgeschnitten, abgekühlt und in Tütchen gefüllt werden können. Unter all den vielen Tütchen den richtigen Geschmack zu finden, ist dann vielleicht die schwierigste Entscheidung. Damals wie heute sind es zuckersüße Kostbarkeiten.

Adresse Sweets Company, Untere Schmiedgasse 11, 91541 Rothenburg ob der Tauber, www.rothenburger-bonbons.de | **Anfahrt** Parkplatz P1 Friedrich-Hörner-Weg, einen Durchlass in der Stadtmauer wählen und Richtung Sieberturm/Plönlein/Stadtzentrum gehen | **Öffnungszeiten** Di–Sa 10–17 Uhr | **Tipp** Eine süße Alternative bietet die Chocolaterie Grand Cru, Am Plönlein 3, mit Macarons, Pralinen und vielen kleinen Köstlichkeiten.

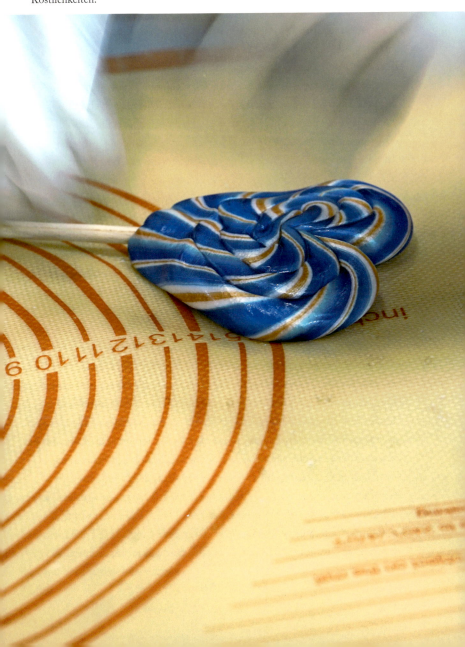

49 Die Burg
Wohin verschwand die Stauferburg?

Die erste Burg, die »rote Burg«, entstand im Jahr 1070 durch die Grafen von Comburg und befand sich auf einer Bergnase, im Sprachgebrauch Essigkrug genannt, gegenüber dem Spitaltor an der Kobolzeller Straße. Das Grafengeschlecht starb aus, ihre Besitztümer wechselten in andere Hände, und so kam es, dass 1142 der Stauferkönig Konrad III. im heutigen Burggarten eine neue Reichsburg erbaute. 1170 entstand zusammen mit der Burg die Stadt Rothenburg, welche 1274 zur Reichsstadt ernannt wurde. Der letzte Stauferkaiser Friedrich II. starb im Jahre 1250, wodurch auch das staufische Reich endete.

Heute steht nur noch das Burgpalais, das Hohe Haus der Herzöge, mit Steinmetzzeichen um 1140, das von Bürgermeister Heinrich Toppler 1400 als Kapelle der Heiligen Blasius, Sebastian und Fabian wieder aufgebaut und mit Malereien an den Wänden ausgeschmückt wurde. Heute dient das unzugänglich wirkende Gebäude als Gedächtnisstätte für die Gefallenen der Weltkriege, ein Denkmal zum dunklen Kapitel der Judenverfolgung befindet sich an einer Langseite.

Aber wohin verschwand die Burgruine? Wie in vielen Städten war im Mittelalter Baumaterial rar. Die Burgherren waren schon viele Jahre auf dem Kreuzzug, die Burg lag verlassen. So nahm einer den ersten Stein. Und den nächsten. Es entstanden Häuser, Tore, Kirchen – die Burg verschwand und wurde nicht vermisst. Bis sehr viel später tatsächlich jemand mit berechtigtem Interesse staunend vor der freien Fläche stand. So erfanden die Stadtoberen schnell die Geschichte des Erdbebens im Jahr 1356, das alles zerstörte. Wer heute mit offenen Augen durch die Stadt geht, kann manch Buckelquader erkennen, der in Mauern, Häusern oder Türmen ein neues Zuhause gefunden hat. In Form von verstreuten Puzzleteilen lebt die Burg in vielen kleinen Ecken und Winkeln der Stadt weiter – und mit ihr die Erinnerung an das mächtige Staufergeschlecht.

Adresse Alte Burg im Burggarten, 91541 Rothenburg ob der Tauber | **Anfahrt** Parkplatz P5 Bezoldweg, den Tor- und Turmweg Richtung Westen bis zum Burggarten laufen | **Öffnungszeiten** jederzeit von außen zugängig | **Tipp** Eine Zeichnung der Blasiuskapelle von Carl Theodor Reiffenstein findet sich seit 1896 im Frankfurter Städel Museum. Schön schattig ist im Sommer der kleine Arkadengang nahe des Hohen Hauses im Burggarten.

50_Der Burggarten
Wo aus der alten Burg ein grünes Paradies wurde

Allein die Namen sind schön: Flügelnuss, Blumenesche, Blauglockenbaum, Judasbaum, Mädchenhaaresche gehören zu den botanischen Kostbarkeiten in der Parkanlage des Burggartens. Dazu gehören über 200 Jahre alte Linden und mächtige Buchen, die den parkähnlichen Charakter des Burggartens prägen. Hier oben kann man nach Stunden auf dem holprigen Kopfsteinpflaster endlich wieder unbeschwert laufen, das dichte Sprachgewirr verschwindet, und es tut einfach nur gut, über die Burgmauer vielfältige Landschaft statt geschichtenschwere Hausfassaden zu sehen. Das Burgtor lässt man schnell hinter sich, ebenso wenig lenkt die Staufersäule die Sehnsucht nach Weite, Ruhe und grüner Botanik ab. Einfach nur die Wege zwischen den Rasenflächen entlangschlendern und immer wieder einen wunderbaren Ausblick von der Burgmauer genießen. Überall finden sich Bänke zum Ausruhen, und im bunten Panorama der Altstadthäuser gibt es immer wieder etwas Neues zu entdecken.

Für Abwechslung sorgen einzelne Gartenensembles. Im Barockgarten wachen allegorische Sandsteinfiguren über die sorgsam angelegten Blumenbeete. Die vier Elemente stehen den vier Jahreszeiten zur Seite, im Schatten des früheren Gärtnerhauses stehen Bänke für Ruhesuchende, und manch müder Gast schließt in meditativer Hingabe die Augen, während nicht weit entfernt ein dicker, wulstiger Kugelbrunnen an einen Brokkoli erinnert und vor sich hin plätschert. Später führt eine Pergola zurück zur Stadt und lenkt den Blick auf ein wundervolles Stadtpanorama. Im Jahr 2019 ging dieser Blick als Briefmarkenmotiv der Deutschen Post hinaus in die Welt.

Dass Rothenburg sowohl eine lebendige Stadt als auch Teil der sie umgebenden Landschaft ist, wird in dieser exponierten Lage deutlich. Wer mehr Landschaft möchte, nutzt die etwas versteckten Öffnungen in der Burgmauer und geht auf schmalen Wanderwegen hinab zur Tauber.

Adresse Alte Burg, 91541 Rothenburg ob der Tauber | **Anfahrt** außerhalb parken und über den Marktplatz oder die Stadtmauer in westliche Richtung laufen | **Tipp** Im Sommer gibt es immer wieder den Tag der offenen Gärten. Termine können im Tourismusbüro der Stadt erfragt werden: Marktplatz 2, 91541 Rothenburg ob der Tauber, Tel. 09861/404800, www.rothenburg.de.

51 Das Burghotel
Wo Gastlichkeit mit Kanonen verteidigt wird

Es ist das kleinste Hotel in Rothenburg. Vielleicht liegt es deswegen sehr geborgen an der Stadtmauer in unmittelbarer Nähe zum früheren Kloster der Dominikanerinnen. Die klerikale Atmosphäre ist längst vorbei, die Architektur und der Klostergarten mit seinen großen Rasenflächen sind jedoch geblieben. Wie überall in Rothenburg hat auch das Gebäude dieses kleinen Hotels eine lange Vergangenheit, und jeder Stein könnte seine eigene Geschichte erzählen. So lebte hier an der Stadtmauer bereits weitaus früher ein künstlerischer Frauengeist. Die Bildhauerin Marta Hinckeldey-Wittke (1890–1978) zog von Berlin nach Rothenburg, um in ihrer Kunstwerkstatt zahlreiche Krippendarstellungen, Tierplastiken und Puppen entstehen zu lassen.

Worin das kleinste Hotel jedoch am größten ist, ist der phantastische Ausblick ins Taubertal. Direkt an der Stadtmauer liegt eine malerisch-schöne Außenterrasse, von der der Blick über die Stadtmauer geht. Wer sich jedoch durch das beeindruckend lange Rohr auf der Mauer einen detaillierten Fernblick erhofft, wird enttäuscht. Dies ist in Erinnerung an wehrhafte Zeiten eine übrig gebliebene Pulverkanone, die mit Schwarzpulver entzündet und mit der auf den Feind geschossen wurde.

Diese Zeiten sind vorbei. Heute genießt man mit einem Kaffee auf dem Frühstückstisch einen kleinen nachbarschaftlichen Austausch mit internationalen Gästen.

Wieder in Frauenhand kam das Hotel, als die heutige Eigentümerin erst 19 Jahre alt war. Nichts erinnert mehr an seinen Ursprung als ungeliebtes Armenhaus im Mittelalter, als alles drum herum anrüchig und wenig einladend war. Auch im Keller lässt nichts mehr erkennen, dass dort bis 1972 die »Folterkammer« des heutigen Kriminalmuseums untergebracht war. Was auch gut so ist, denn die Atmosphäre der rauen Sandsteinwände verträgt sich besser mit fröhlichen Karten- oder Brettspielen und Weingenuss zum Tagesausklang.

Adresse Klostergasse 1–3, 91541 Rothenburg ob der Tauber, Tel. 09861/94890, www.burghotel.eu | Anfahrt außerhalb parken, das Burghotel liegt im Südwesten und grenzt an den Garten des ehemaligen Dominikanerinnenklosters | Tipp Zur Weihnachtszeit wird eine Krippe der Bildhauerin Marta Hinckeldey-Wittke aus den 1920er Jahren in der Jakobskirche aufgestellt. Auch im Heimatmuseum in Donauwörth sind ihre Krippen zu sehen.

52 Das Café einzigARTig

Kaffee für den Genuss & Mobiliar to go

Ja, was nun? Möbelgeschäft oder Café? Ganz eindeutig ist es nicht, um was es beim einzigARTig eigentlich geht. Gerade das ist aber auch der Charme dieses heimeligen Cafés. Hier braucht es keinen ständigen Blick aufs Mobilphone während des Kaffeetrinkens, hier bekommt das Auge so viel geboten, dass man aus dem Staunen gar nicht mehr herauskommt. Genau so soll es auch sein. Die Inhaberin Andrea Poth hat ihre Liebe zu restaurierten Möbeln und wunderschönen kleinen, feinen Dingen mit einem umfassenden Café-Angebot kombiniert und ihm im ehemaligen Souvenirgeschäft ihres Vaters ein Zuhause gegeben. Das Alte bewahren, es liebevoll neu gestalten und mit begeisterten Menschen teilen – was könnte besser zu Rothenburgs Stadtbild und seiner Geschichte passen.

So ist es durchaus möglich, dass Besucher nach einer Stadttour nicht nur eine Kleinigkeit im Café genießen, sondern auch gleich ein Stück des Inventars mitnehmen. Das ist durchaus gewollt und im heutigen Sinne vielleicht die moderne Art von Coffee & Souvenir to go. Schnell werden die entstandenen Lücken mit neuen Fund- und Lieblingsstücken dekoriert – und fix ist wieder eine gemütliche Sitzecke gezaubert.

Die Liebe zu alten Möbeln ist geblieben, ob es nun kleine Kommoden, zweckentfremdete Schubladen oder Garderobenhaken sind. Alles einheitlich im notalgisch-romantischen Shabby-Chic-Stil gehalten und liebevoll dekoriert mit herzerwärmenden Hinstellerle und Hinhängerle. Zuerst wirkt die gesamte Geschäftsausstattung wie ein fröhliches Durcheinander, dann aber fügt sich alles zum harmonischen Gesamtbild.

Und so besonders wie die Ausstattung ist auch das Angebot der Speisekarte. Regionale Herkunft ist selbstverständlich, die Kooperation mit dem nahen Bäcker sichert Brötchen und Croissants, Marmeladen und Kuchen kommen aus der eigenen Küche. Jetzt heißt es einfach nur: zurücklehnen und das Leben genießen!

Adresse Galgengasse 33, 91541 Rothenburg ob der Tauber, www.cafe-einzigartig-rothenburg.de | **Anfahrt** Parkplatz P4 Galgentor, über die Galgengasse Richtung Zentrum laufen | **Öffnungszeiten** Mi–So und feiertags 9–17 Uhr | **Tipp** Wer gerade am Einrichten ist, kann hier ein gemütliches Frühstück (reservieren!) mit entspannter Möbelsuche verbinden. Für die Kleinen gibt es einen extra Kinder-Cappuccino.

53 Das Café Lebenslust
Sehnsuchtsort & Eventlocation

Kein Wunder, dass der asketisch wirkende Jakobspilger mit dem abgegriffenen Wanderstab sehnsuchtsvoll auf das 600 Jahre alte Haus gegenüber der Kirche Sankt Jakob schaut, das vor einigen Jahren wunderbar umgestaltet und verjüngt wurde. Hier gehen zahlreiche Leute ein und aus, fröhliche Stimmen schwirren durch die Kirchgasse und verlockende Duftwolken wehen herüber.

Es ist ein Café, in dem vieles sein darf. Dafür sorgen Nadine, Yvonne und Andi, die ihre Talente und Ideen in ein gemeinsames Eventprojekt geworfen und einen Ort der Lebenslust geschaffen haben. Als leuchtend gelber Eckpunkt in der Kirchgasse gibt das Café den Rahmen für die schönen Dinge des Lebens: für Kunst, Musik und Begegnung.

Events im Wohnzimmerambiente – die inhaltliche Vielfalt wird durch gestalterische Klarheit geordnet. Ein großer Raum bietet Nischen und offenen Flächen. In einer Ecke wird dichte Bühnenatmosphäre spürbar, Gitarren hängen an der Wand und Insider erkennen das Sofa wieder, auf dem sich im Interview schon manch ungewöhnliche Lebenswege offenbart haben. Hier kommt man ins Gespräch! Diese sind nachzuhören auf der Internetseite des Cafés unter der Youtube-Reihe »Lust am Leben«. Aber nicht nur das. Open-Stage-Tage laden Musiker ein, ihr Können im kleinen Rahmen zu zeigen. Musik schafft Begegnung und besondere Stimmung unter Gästen, die zu Freunden werden. Workshops greifen Ernährungstrends auf, und gemeinsame Küchenaktionen machen nicht nur Spaß, sondern bringen auch Schwung und neue Ideen auf den Tisch.

Es gibt auch die ruhigen Ecken im Café. Gemütliche Sofas und weiche Polster sichern Erholung und Individualität und sind Teil des Gesamtkonzepts, farbenkräftige Bilder und Kunstwerke wecken Phantasie und Seelenfreude. Hier sind sie möglich, die kleinen Auszeiten vom Pflasterlaufen, Sightseeing oder von der Alltagsroutine. Die Sehnsucht des Pilgers nach diesem Ort ist verständlich.

Adresse Kirchgasse 5, 91541 Rothenburg ob der Tauber, www.lebenslust-rothenburg.de, Tel. 09861/9179478 | **Anfahrt** Parkplatz P4 Galgentor, zur Jakobskirche laufen | **Öffnungszeiten** Mi–Sa 9.30–17.30 Uhr, Do nur bis 17 Uhr, So 13–17.30 Uhr | **Tipp** Bei schönem Wetter schmecken die regional-veganen Kuchen und duftigen Waffeln im Innenhof noch besser. Wechselnde Veranstaltungen lohnen den Blick auf die Internetseite.

54 Der Campus
Zwei Studiengänge und eine Grundschulglocke

Man muss ihn erst mal suchen gehen, den Hochschulcampus in Rothenburg. Nomen est omen, liegt er nahe dem Galgentor, außerhalb der Stadtmauer. In dem großen, denkmalgeschützten Sandsteingebäude von 1900, der ehemaligen Luitpoldgrundschule, wurde nach einer umfassenden Sanierung der noch recht neu errichtete Campus untergebracht. Geblieben ist der große Schulhof mit seinen mächtigen alten Kastanienbäumen, die im Sommer wunderbaren Schatten geben und zum Frischluftlernen einladen. Die Zeit kann man hier nicht vergessen, denn das historische Ziffernblatt der alten Schuluhr, die oben im Giebel die Stunden zählt, wurde restauriert, und ihre goldenen Zeiger sind weithin sichtbar. Erhalten geblieben ist auch das große Eingangsportal mit dem goldenen »Schulhaus«-Schriftzug. Der dezente Campushinweis daneben korrigiert eventuelle Irrtümer an der Bildungsstätte.

Wer sich jedoch für einen der Studiengänge Interkulturelles Management / Bachelor und Digital Marketing / Master entscheidet, darf sich nicht von den grimmigen Gesichtern am Eingangsportal abschrecken lassen. Gut so. Denn aus den ehemaligen Klassenzimmern sind seit der Einweihung 2018 hochmoderne Funktionsräume geworden. Über 350 Studierende nutzen Lern- und Kreativräume, lesen in einer kleinen Bibliothek, arbeiten in Multimediaräumen und treffen sich im Auditorium zum Austausch. Firmen aus der Umgebung, Museen oder auch der Rothenburger Tourismus Service nutzen das Fachwissen, um Ideen und Projekte zu entwickeln. Sollte irgendwann einmal ein »social robot« statt eines Mitarbeiters touristische Fragen beantworten, könnte ein Experiment aus dem Campus dahinterstecken.

Lediglich die zierlich-verspielte Zugglocke im Treppenhaus mit den dekorativen Jugendstil-Rosenranken und Goldverzierungen erinnert an inzwischen lange zurückliegende Jahre und wird manchmal – ganz manuell – aus purer Neugier geläutet.

Adresse Hochschule Ansbach, Campus Rothenburg, Hornburgweg 26, 91541 Rothenburg ob der Tauber, rothenburg.hs-ansbach.de | **Anfahrt** Parkplatz P4 Galgentor; außerhalb der Stadtmauer liegt etwas zurückversetzt der Campus | **Tipp** In einer eigenen Abteilung des RothenburgMuseums ist ein ehemaliges Klassenzimmer aus der Luitpoldschule dargestellt, mit den früher typischen Holzbänken und schmalen Tischen. Auf den aufgehängten Klassenfotos dürften sich einige Rothenburger Bürger wiedererkennen.

ROTHENBURG OB DER TAUBER

55 Das Dominikanerinnenkloster

Vom Essen durch die Wand und dem heiligen Veit

Wer durch das RothenburgMuseum schlendert, bekommt eine Ahnung von der großzügigen und mächtigen Klosteranlage der Dominikanerinnen. Sie erbauten das Kloster ab dem 13. Jahrhundert und bewohnten es bis Mitte des 16. Jahrhunderts. Baulich geprägt wurden die Räume durch Priorin Magdalena vom Rein. Der gotische Stil von Speisesaal, Schlafsaal und dem beheizbaren Winterrefektorium geht auf sie zurück. Einzigartig ist die original erhaltene Küche. Bedeutet Küchenraum heute Lebensqualität, war er damals in erster Linie funktional. Der Herd war Wärmequelle und Kochecke, dazu gingen bis zu 60 einfache Mahlzeiten täglich über den Tisch – oder durch die Drehlade in der Mauer. Obwohl Frauenklöster in erster Linie für Gebete und frommes Leben zuständig waren, erhielten Pilger und Bedürftige eine Speise – abgeschirmt durch die Drehlade, ohne das Risiko eines direkten Blickkontakts. Einen engen Bezug hatten die Schwestern zum heiligen Veit. Dem Volksglauben nach schützte er die Erstgebärenden vor Infektionskrankheiten wie dem »Veitstanz«, als Dank für eine Berührung der Reliquie wechselten Naturalien oder Sachspenden in den Besitz des Klosters.

Über die Bedeutung der Frauenklöster, speziell auch in Rothenburg, hat die Nürnberger Historikerin Nadja Bennewitz geforscht. Frauenklöster besaßen in der Regel hohe gesellschaftliche Anerkennung, adelige Frauen brachten Güter und Wohlstand mit ins Kloster. Klugheit und Bildung machten diese Orte zu selbstbewussten Institutionen. Was natürlich der weltlichen Obrigkeit – sprich: den Männern – nicht gefiel. Viele Frauenklöster widersetzten sich lange erfolgreich den immer engeren Vorgaben. Jedoch führten die Machtkämpfe schließlich dazu, dass die Dominikanerinnen 1377 unter Aufsicht des Rothenburger Rats gestellt wurden und die Geschichte des Klosters 1554 endete.

Adresse Klosterhof 5, 91541 Rothenburg ob der Tauber, Tel. 09861/939043, museum@rothenburg.de, www.rothenburg.de | **Anfahrt** außerhalb parken, das RothenburgMuseum liegt im nordwestlichen Teil der historischen Altstadt an der Stadtmauer | **Öffnungszeiten** Jan.–März 13–16 Uhr, April–Okt. 9.30–17.30 Uhr, Nov.–Dez. 13–16 Uhr, während des Weihnachtsmarkts 10–16 Uhr | **Tipp** Jeden ersten Sonntag von April bis September gibt es kostenlose Kinderführungen (von sechs bis 14 Jahren). Für Erwachsene läuft die Experten-Reihe »Kunst sehen und verstehen«, Termine auf der Website.

56 Die Engelsburg
Hier lebten Kelten und flogen Skispringer

Die Engelsburg ist ein ähnliches Paradox wie die Engelsquelle. Während die Rothenburger Engelsquelle zwar nicht zu besichtigen, jedoch nachweislich vorhanden ist, lässt sich die Engelsburg besuchen, obwohl dort weder Engel noch eine Burg anzutreffen sind. Ein Besuch lohnt sich trotzdem, denn es gibt kaum einen besseren Blick auf die Silhouette der Stadt als von der gegenüberliegenden Anhöhe. Direkt auf deren gegenüberliegenden Seite liegt der Burggarten, im Herbst und Winter hat man von dort einen laubfreien Blick. Von der Freifläche am Waldrand mit der einzelnen Sitzbank wird die ungewöhnliche Höhenlage deutlich, denn das Taubertal liegt weit unten und die Ergänzung »ob der Tauber« im Namen Rothenburgs bekommt einen Sinn.

Mal kurz rüberzufliegen wäre jetzt nicht schlecht. Diesen Gedanken hatten wohl auch sportlich ambitionierte Skifreunde. Sie bauten 1953 die Tauberschanze mit einer Flugweite bis zu dreißig Metern. 1988 wurde sie runderneuert und auf vierzig Meter aufgestockt. Einige Ski-Events fanden unter großer Publikumsbeteiligung statt, bevor man die Schanze zwölf Jahre später aufgab. Geblieben ist die Anhöhe, und der Blick abwärts in die Tiefe vermittelt eine leise Ahnung, wo sie gelandet sein könnten.

Noch weiter zurück in der Vergangenheit der Engelsburg befand sich hier eine Fliehburg, ein Oppidum. Damit wurde eine mit Gräben und Palisaden befestigte, handelsfähige Siedlung bezeichnet. Sie war mit zehn Hektar recht klein für damalige Verhältnisse, war keltischen Ursprungs und stammte vermutlich aus der Zeit von 500 bis 400 vor Christus. Bei Ausgrabungen wurde leider sehr wenig aussagekräftiges Material gefunden, sodass von dem einstmals ansässigen Keltenvolk nur etwas mehr als eine Ahnung bleibt.

Heute ist die Engelsburg ein beliebter Grillplatz und Wandertreffpunkt, die Wege sind gut ausgezeichnet und führen in alle Richtungen.

Adresse gegenüber dem Hochzeitswäldchen, 91451 Rothenburg ob der Tauber | **Anfahrt** von Rothenburg ob der Tauber ins Taubertal, abbiegen Richtung Leuzenbronn, linkerhand kommt ein Hochzeitswäldchen mit Parkplatz, der Waldweg gegenüber führt zur Lichtung der Engelsburg; oder den Wanderzeichen 6 und 7 von Rothenburg ausgehend folgen | **Tipp** Ein richtig großer Keltenort ist das Oppidum in Finsterlohr-Burgstall mit einem 2,5 Kilometer langen Wanderweg für Groß und Klein: www.kelten-creglingen-finsterlohr.de.

57 Die Engelsquelle
Eine Quelle als ehemaliges Party-Highlight

So liebreizend der Name, so mysthisch ist die Geschichte der geheimnisvollen Hausquelle. Was für die einen der blanke Schrecken ist – nämlich Wasser im Keller –, ist in Rothenburg ein kleines Kuriosum.

Gerüchte gab es schon Anfang der 1920er Jahre, dass im Keller des ehemaligen Gasthauses und Bierbrauerei »Goldener Engel« nicht nur das Bier gelagert wurde, sondern auch zwei Brunnen sich kontinuierlich selbst mit Wasser versorgten. Bei einer Stadt, die immerhin fast 70 Meter über der Tauber liegt, mutet eine so hoch liegende, ausströmende Quelle durchaus merkwürdig an. Denn normalerweise sucht sich aufsteigendes Wasser eine Erdstelle mit dem geringsten Widerstand und tritt dann als Quelle an die Oberfläche. Die Engelsquelle fand einen anderen Weg. Da es im Taubertal schon genug Wasser gibt, entschied sie sich für eine Anhöhe nahe dem Steilabfall zum Tal. Gemäß der naturwissenschaftlichen Erklärung aus einer Abhandlung der Geologischen Landesuntersuchung von 1931 wird vermutet, dass die natürlichen Steinverwerfungen im Tal sich geschlossen haben und nur an dieser einzigen Stelle der Soleaustritt möglich ist. Und dies ist damals wie heute nun mal der Keller des ehemaligen Gasthauses »Goldener Engel«.

Das Haus wurde im Zweiten Weltkrieg zerstört, aufgrund der unklaren Bausubstanz entstand erst 1970 ein Neubau. Der See im Kellergewölbe wurde integriert und zum festen Bestandteil des neuen Hauses. Da direkt daneben ein prachtvoll-schmucker Partykeller entstand, bleibt es der Phantasie überlassen, sich die feuchtfröhlichen Feiern im tiefen Gewölbe auszumalen. Der nahe Quellbereich wurde abgesichert, und das Wasser war nur etwa 80 Zentimeter tief. Es reichte also für ein erfrischendes Abtauchen bei maximal zehn Grad. Ende der 1980er Jahre wurde das Haus verkauft, die Türen des Partyraums schlossen sich. Ob heute noch jemand im Wasser planscht? Wer weiß!

Adresse Alter Stadtgraben, 91541 Rothenburg ob der Tauber | **Anfahrt** Parkplatz P4 Rödertor, Richtung Marktplatz laufen | **Öffnungszeiten** Das Mehrfamilienhaus ist in Privatbesitz und nicht zugängig. | **Tipp** Einfach mal einen Blick in einen der vielen Altstadtbrunnen werfen, um eine Ahnung von der unterirdischen Wasserversorgung der Stadt zu bekommen.

58 Die Eselsbrücke
Ein Denkmal für die Lastenträger

Die ersten Esel kamen dank Herzog Friedrich im Jahr 1159 über die Alpen nach Rothenburg, um dort die neu errichteten Taubermühlen wirkungsvoll arbeiten zu lassen. Damals gab es nur Fußpfade durch den Wald, die die Mühlen untereinander verbanden, und auch die Strecken von den Feldern ins Tal waren steinig und uneben. Auf seinen Italienreisen entdeckte Herzog Friedrich die belastbaren Esel und machte sie an der Tauber heimisch.

Den genügsamen Vierbeinern ist es zu verdanken, dass neben dem Schafwollhandel auch durch den Getreideanbau ein gewisser Reichtum in die Stadt kam. Die Tauberesel trugen die schweren Getreidesäcke auf ihren Rücken von den Feldern der Hochebene direkt über einen Steg oder eine Treppe hinein in die Mehl- und Schrotgangböden der Mühlen unten im Tal. Von dort ging es mit den Mehlsäcken die Eselsteigen hoch in die Stadt. Die Tauberesel waren hilfreiche Lastenträger und kostbarer Besitz einer Müllerfamilie. Geschichtlich dokumentiert sind in einem »Willkürbuch« aus dem Jahr 1335 Vorgaben für Eseltreiber und deren Entlohnung. Immerhin hatte er die Aufsicht über zum Teil sechs Esel, die für den Müller arbeiteten. Bis 1631 ist der Einsatz der Vierbeiner im Getreidetransport bildhaft belegt.

Die landwirtschaftliche Entwicklung ging weiter. Kräftig gebaute Pferde verdrängten die kleineren Esel, bis mit der Motorisierung auch die Pferde aus der Landwirtschaft verschwanden und Traktoren die Arbeit übernahmen.

Vergessen wurden die fleißigen Esel jedoch nie. Im Rahmen einer Brückensanierung erhielten sie nach vielen Jahrhunderten ihr wohlverdientes Denkmal auf der Eselsbrücke. Seit dem 1. September 1959 steht er da, der bronzene Skulpturenesel mit seinen langen, zurückgelegten Ohren, den Blick hoch zur Stadt gerichtet. Das Säckchen auf dem Rücken dürfte nur eine Andeutung der 150-Kilo-Säcke sein, die diese Esel einst schulterten.

Adresse Blinksteige, 91541 Rothenburg ob der Tauber | **Anfahrt** Die Eselsbrücke liegt unterhalb von Rothenburg im Taubertal nahe der Steinmühle. | **Tipp** Noch heute erhalten ist die Eselstreppe an der Lukas-Röder-Mühle. Eine entspannte Eselswanderung kann man auf dem Biohof von Thomas und Sabine Wagner erleben: Standorf 6, 97990 Weikersheim, bines-biobauernhof@gmx.de, Tel. 07933/20077, www.bines-biobauernhof.de.

59 Die Franziskanerkirche
Der Lettner als Relikt einer Klostergeschichte

Ruhig ist es hier, obwohl in der belebten Herrengasse mit ihren vielen Restaurants und Hotels viel Trubel herrscht. Das Eingangstor ist vielleicht zu schlicht und unauffällig für einen so gewaltigen steinernen Kirchenbau – und schnell ist man vorbeigelaufen. Was allerdings schade wäre …

Bereits im Jahr 1309 auf den Namen »Beatae Mariae Virginis« geweiht, begann auf dem damals unbesiedelten Platz die Geschichte der Rothenburger Franziskaner. Der Orden genoss Ansehen, die Mönche waren willkommen und konnten ihren Konvent bis an die südliche Stadtmauer ausdehnen. Die Beliebtheit zeigte sich an der Anzahl der Bestattungen, das älteste Grab dürfte das von Lupold von Tann sein, der 1285 starb. Das heißt, da mit dem Kirchenbau erst 1280 begonnen wurde, erfolgte das Begräbnis in einer noch ungeweihten Kirche im Vertrauen auf ihre Vollendung.

Erst entstand der Ostchor. Mit dem Anbau des Langhauses Mitte des 14. Jahrhunderts erfolgte durch einen Lettner die damals durchaus übliche Trennung von Klosterleben und weltlichen Gläubigen. Meist war dies eine hölzerne, mit biblischen Szenen reich bemalte Wand, die auch heute noch häufig in der orthodoxen Kirche zu finden ist. Öffnete man die Mitteltür, konnte das Volk einen Blick auf den Altar dahinter erhaschen, und für einen Moment war die Trennung zwischen Laien und Mönchen aufgehoben. Endgültig beendet wurde diese Praxis mit der Reformation und der Veränderung der Liturgie. Seitdem dient der sehr selten gewordene Lettner als Empore und trägt die Orgel.

Die Zeit des Bauernaufstands um 1525 war das Ende des Klosters. Das gesamte Klosterleben mit Kreuzgang, Konvent, Dormitorium (der Schlafraum hatte einen direkten Zugang zum Lettner) und Kellerei löste sich auf. Geblieben ist die besondere Atmosphäre im Chorraum, die Konzerten und meditativen Veranstaltungen einen würdigen Rahmen und eine wunderbare Akustik verleiht.

Adresse Herrngasse 19, 91541 Rothenburg ob der Tauber, die ausgewiesene Radwegekirche liegt am Taubertalradweg | **Anfahrt** außerhalb parken und zum Marktplatz laufen, von dort in die Herrngasse Richtung Burggarten | **Öffnungszeiten** Fr – So 14 – 16 Uhr | **Tipp** Eine Infotafel neben der Kirche verweist auf Papst Franziskus, der in den 1980er Jahren am damaligen Goethe-Institut Deutsch lernte. Im Reichsstadtmuseum, dem ehemaligen Dominikanerinnenkloster, sind die originalen Tafelbilder der Lettnerbrüstung zu sehen.

…

60 Der geodätische Referenzpunkt

Satellitenkontakt an der Stadtmauer

Viele, die in der Burggasse vorbeikommen, genießen erst einmal den Ausblick ins Tal und auf die weite Stadtsilhouette. Eine Bank lädt zum Ausruhen ein, und ein kleiner Brunnen verbindet Gemütlichkeit mit einer Trinkwassergabe. Während die müden Füße die Pause genießen, ruhen die Gedanken. Ein Ort, an dem sich Himmel und Erde verbinden. Gleich zweifach, denn die Technik im Hintergrund stellt unaufhörlich die Verbindung zwischen mehr als 100 Navigationssatelliten in circa 20.000 Kilometer Höhe und dem hier verorteten Referenzpunkt her. Wer aus seinen Träumen aufwacht, kann sich wieder korrekt koordinieren lassen und weiter auf Stadtentdeckungen gehen.

Geodäsie ist als Studienfach in der Regel den Ingenieurwissenschaften zugeordnet. Man kann diese Lehre auf das Wesentliche verkürzen und am geodätischen Referenzpunkt mit dem Handy ganz praktisch umsetzen. Immer schön der eingravierten Anweisung folgen und warten, bis die Koordinaten auf dem Gerät angezeigt werden. Je besser sie mit den Daten des Rothenburger Punkts übereinstimmen, desto geringer die Chance, sich zu verlaufen. Alternativen bietet der Rothenburger Stadtplan, der bequem aus der Hosentasche gezogen werden kann oder der Blick auf die Kirchturmspitze von Sankt Jakob als Richtungsorientierung zwischen den Dächern der Fachwerkhäuser. Grundsätzlich fängt die allumfassende Stadtmauer alle Verirrten wieder auf und wirft sie zurück ins Getümmel der Hauptstraßen, immer Nase und Ohren folgend.

Die geodätischen Referenzpunkte gibt es deutschlandweit. Bayernweit soll in jedem Landkreis mindestens einer dieser Prüfpunkte kostenfrei für alle zugängig bereitgestellt werden. In Gunzenhausen ging 2013 der erste bayerische Referenzpunkt an den Start, in Rothenburg ist es der erste im Landkreis Ansbach und der 71-igste in Bayern.

Adresse An der Stadtmauer Kreuzung Heringsbronnengässchen / Burggasse, nahe der Franziskanerkirche, 91541 Rothenburg ob der Tauber | **Anfahrt** außerhalb parken und zum Marktplatz laufen, der Referenzpunkt ist südlich der alten Burg direkt an der Stadtmauer mit Blick ins Taubertal | **Tipp** Richtung Stadt kommt man an einem ruhig gelegenen Spiel- und Rastplatz vorbei.

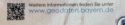

61 Die gezähmte Tauber
Sanftes Plätschern auf 130 Kilometern

Die Stadt hoch auf dem Hügel, der Fluss etwa 60 Meter tief im Tal: Schmale Wege, alte Eselspfade, traditionelle Kirchgangstrecken haben schon immer die Flussgegend mit der Stadt verbunden. Durch das Wasser der Tauber gelingt den Bürgern entlang des Tals und hoch oben in der Stadt das Überleben. Die vielen wassergetriebenen Mühlen sicherten jahrhundertelang das Einkommen und Überleben in einer Gegend, in der sich eine landschaftlich faszinierende Symbiose entwickelt hat. Das Taubertal ist heute noch der Inbegriff von Ruhe, Schönheit und Freizeitgenuss für Radler und Wanderer gleichermaßen. Man soll sich jedoch nicht täuschen lassen, gerade Radler ohne Motor im Fahrradrahmen spüren den Wadengenuss des bergauf und bergab führenden Fahrradwegs entlang des ruhig fließenden Wassers.

Das Wort Tauber geht zurück auf den keltischen Begriff für Wasser. Ihre Quelle wurde nach eingehender Diskussion zwischen Wettringen in Bayern und Weikersholz in Baden-Württemberg auf den Klingenbrunnen etwa einen halben Kilometer östlich von Weikersholz in der Gemeinde Rot am See festgelegt. Hier gibt es eine ständig schüttende Quelle, die seit 1976 als Brunnenstube des Tauberflusses gekennzeichnet ist. Von der Quelle bis zum Einfluss in den Main in Wertheim erreicht die Tauber eine Länge von immerhin 130 Kilometern.

Als erster Nebenfluss schließt sich die Schandtauber an, die nahe Bettenfeld entspringt und ihrer landschaftlich-idyllischen großen Schwester nacheifert. In den ruhigen Fluss wurden sogenannte Fischtreppen gebaut, die bei der Rothenburger Doppelbrücke und im Verlauf des Mühlenwegs gut zu erkennen sind. Dadurch wird den Fischen der Weg flussaufwärts erleichtert, Kleinlebewesen können sich besser ansiedeln und die Ökologie des Flusses bereichern. Die Angler entlang der Tauber freuen sich, die Wasserqualität passt und überall tummeln sich verschiedene Fischarten.

Adresse 91541 Rothenburg ob der Tauber, im Tal fast überall Zugang zum Fluss; im Biergarten der Bronnenmühle kann man im flachen Flusslauf die Füße kühlen | **Anfahrt** Tauberquelle: in Weikersholz (74585 Rot am See), an der grünen Radschmetterling-Route zwischen Wettringen und Michelbach gelegen | **Tipp** Besuch des Renaissanceschlosses in Weikersheim mit dem wunderbaren Barockgarten.

62   Die Gitarrenwerkstatt
Gut wird's, wenn alles gemeinsam schwingt

Fuß auf den Hocker, Gitarre aufs Bein, Finger anlegen – und der Daumen haut den Klang aus den Saiten. Schön wär's! In der Instrumentenwerkstatt von Lukas Schmidt wird schnell klar, dass ein harmonischer Gitarrenklang wesentlich mehr ist als die Summe der Einzelteile, die vom Zupfinstrumentenmachermeister sorgfältig zusammengefügt werden. Mit kundigem Auge werden die Hölzer von Fichte und Ahorn auf ihre Dichte geprüft, um beim fertigen Instrument eine ausreichend gute Resonanz zu erzielen. Tonholz heißt das, was mit moderner Technik auf Schwingung geprüft wird. Erst dann lohnt sich die Weiterverarbeitung. Schritt für Schritt wandert das Holzstück durch die helle Werkstatt, für spezielle Arbeiten liegt das entsprechende Werkzeug bereit. Techniken wie das kunstvolle Ränderwickeln sorgen für eine gleichmäßige Verleimung der Korpusränder. Später hängt das fast fertige Instrument zum Trocknen lange am luftigen Platz, denn der Lack muss aushärten.

Die Ruhe bei der Arbeit strahlt auch Lukas Schmidt aus. Mutig hat er den Schritt zur eigenen Werkstatt gewagt und ist seiner Berufung gefolgt. Moderne Archtops und Stahlsaitengitarren sind seine Favoriten. Er entwickelt Instrumente, bei denen sowohl der Boden als auch die Decke gewölbt sind. Die perfekte Gitarre soll es werden, bei jedem Fertigungsschritt lernt er dazu und entwickelt seine Fähigkeiten weiter. Das Holz erfordert ehrliche Handarbeit mit viel Fingerspitzengefühl. Die Kunst liegt in der exakten und richtigen Abstimmung der Bauteile aufeinander. Jedes Bauteil schwingt in seiner eigenen Resonanz, zum Schluss muss sich alles perfekt zusammenfügen und einen gemeinsamen Klang ergeben.

Wenn dann ein Gitarrenspieler auf das neue Instrument trifft und beide zusammenklingen, dann geht es los: Fuß auf den Hocker, Gitarre aufs Bein, Finger anlegen – und der Daumen haut den Klang aus den Saiten. Schön ist's!

Adresse Lukas Schmidt guitars, Schreckenbachstraße 1, 91541 Rothenburg ob der Tauber, www.ls-guitars.de | Anfahrt A 7, Ausfahrt Rothenburg ob der Tauber, über Ansbacher Straße in die Bahnhofstraße, rechts in Schreckenbachstraße | Öffnungszeiten Termine und Werkstattbesuche nach Vereinbarung | Tipp In der Werkstatt schwingt und klingt es sehr vielfältig: An ihrem Werkstattplatz stellt Milena Schmoller Geigen, Bratschen und Celli her. Der Dritte im Bunde, Max Spohn, fertigt moderne Westerngitarren an.

63 Die Glasfenster der Franziskanerkirche

Der Sonnengesang im gläsernen Lichterspiel

Sie ist eine der ältesten Kirchen Rothenburgs und gleichzeitig diejenige mit den modernsten Glasfenstern. Sowohl die Kirche als auch der Sonnengesang des Franz von Assisi entstanden im 13. Jahrhundert, beide sind schlicht und klar in ihrer Text- beziehungsweise Formensprache und lassen viel Raum für eigene Gedanken und Empfindungen. Der Künstler Johannes Schreiter hat die Gesangsworte über Mutter Erde, Schwester Sonne sowie die Geschwister Feuer, Wind, Wasser und Tod in eine Symbolsprache verwandelt, die auf den ersten Blick erschrecken und verwirren kann. Es ist ein Spiel mit Linien, mit erdigen Farbtönen und natürlichem Lichteinfall. Und eine mutige Verbindung zwischen den alten, schlichten Steinmauern und der abstrakten Geradlinigkeit der Glasfenster.

Wer die Grundsymbolik kennt, wird auch den Lobgesang der Elemente darin wiedererkennen. Ganz hoch oben unter der Decke sind die gelben Lichtrosetten, eine von ihnen hat eine fast goldene Herzform. Wie der obere bildet auch der untere Bereich durch stilisierte Hände in Form von geraden engen Hufeisen einen einheitlichen Rahmen. Dazwischen liegen unzählige Quadrate, von denen keines dem anderen gleicht. Jede Linie ist per Hand gezogen. Auf den ersten Blick ähnlich, sind sie doch sehr verschieden in ihrer feinen Ausarbeitung. Sie symbolisieren die Vielfalt der Menschen, mit Rissen, gebrochenen Ecken, verdunkelt oder sich ausweitend.

Eine große Besonderheit liegt in der Farbwahl der rechten Fenster, die »Mutter Erde« gewidmet sind. So hat der Künstler die geologischen Erdschichten, die für Rothenburg typisch sind, in sein künstlerisches Gestalten aufgenommen und damit eine direkte Verbindung zwischen den Kirchenfenstern und ihrem Darstellungsort geschaffen.

Noch vieles mehr gibt es zu entdecken, wenn man sich auf die Symbolsprache des wunderbaren Sonnengesangs einlässt.

Adresse Herrngasse 19, 91541 Rothenburg ob der Tauber, die ausgewiesene Radwegekirche liegt am Taubertalradweg | **Anfahrt** außerhalb parken, zum Marktplatz laufen, von dort in die Herrngasse Richtung Burggarten | **Öffnungszeiten** geöffnet Fr–So 14–16 Uhr | **Tipp** Die Fenster liegen im hinteren Teil der Kirche, wo man sie in Ruhe betrachten kann. In Muhr am Altmühlsee gibt es ein Jedermanns-Kirchlein, dessen Fenster ebenfalls Johannes Schreiter gestaltet hat.

ROTHENBURG OB DER TAUBER

64_ Das Grafikmuseum
Wo Kunst und Ideen zwischen grünen Wänden leben

Was macht ein Dürerhaus in Rothenburg? Wer Ingo Domdey danach fragt, bekommt nur ein verschmitztes Lächeln. Und den Hinweis, dass eine Radierung von Albrecht Dürer Teil seiner Sammlung ist und daher den Weg von Nürnberg nach Rothenburg gefunden hat. Mit dem Haus jedoch hat es nichts zu tun. Es hat seine Umwandlung in ein Grafikmuseum vor einigen Jahren erfahren und ist seitdem künstlerischer Treffpunkt und Kommunikationsort. Ebenso Arbeits- und Lebensraum von Ingo Domdey, der zwischen den gesammelten Werken an den grünen Wänden oft intensiv in seiner Radierwerkstatt arbeitet. Museum und Arbeitsort in einem. Oder Veranstaltungsort für Klavierkonzerte, wenn die Musik bis in die Nacht erklingt.

Es passt zu dem lebendigen, kommunikativen und schalkhaft-ironischen Künstler, der gern alles hinterfragt und sich mit Neuem auseinandersetzt. Selbst das traditionelle Schneeballengebäck bekam eine augenzwinkernde Kunstgestaltung als staubtrockene »Elegie«, wobei Domdey seinen Schwerpunkt eher auf Politik- und Gesellschaftsfragen legt und Besucher in seinem Museum gern willkommen heißt.

Die Ausstellung ist klein und sehr fein. Domdey, der an der Muthesius Kunsthochschule in Kiel studierte und zahlreiche Preise und Auszeichnungen erhalten hat, sammelt Originalradierungen. Sein Museum bietet einen Überblick der künstlerischen Drucktechnik von ihren Anfängen im 16. Jahrhundert bis zur Moderne. Es finden sich die Namen von Albrecht Dürer und Lucas van Leyden, Rembrandt und Goya, von Renoir, Munch bis Liebermann und Slevogt. Von Janssen, Hrdlicka, Ackermann und vor allem von zeitgenössischen Künstlern wie Meckel, Schoenholz, Baumgartl, Richter, Grass, Loebens, Anderson, Wyss, Köhn, Koblischeck, Eibl und vielen anderen zeigt die Ausstellung Werke aktueller Radiertechnik und dabei eine große Bandbreite. Albrecht Dürer hätte sich in Domdeys Werkstatt wohlgefühlt.

Adresse Georgengasse 15, 91541 Rothenburg ob der Tauber, Tel. 09861/9763523, www.grafikmuseum-rothenburg.de | **Anfahrt** Parkplatz P4 Galgentor, über die Galgengasse Richtung Zentrum laufen; nach dem Weißen Turm und dem Rabbi-Meir-Gärtchen liegt das Dürerhaus rechts | **Öffnungszeiten** Mi–So 14–20 Uhr und nach telefonischer Vereinbarung; Eintritt: Erwachsene 2,50 Euro, Kinder bis 10 Jahre frei, Schulklassen je Schüler 1 Euro | **Tipp** Die Werkstatt erlaubt das eigene kreative Ausprobieren. Termine beim Künstler erfragen. Echtes Handwerk der anderen Art gibt es in der Georgengasse 9: feine Allegra-Schokolade zum Genießen.

65 Das Handwerkerhaus
Kopf einziehen und gebückt durchs Gebälk

Eine Schusterkugel, die Licht ins Dunkel bringt? Abort und Hausbrunnen als Luxusobjekte? Die Walburga-Gästeführerinnen nehmen Gäste gern mit auf eine Zeitreise ins 15. Jahrhundert. Das Haus der Handwerker aus dem Jahre 1270 ist immer noch hervorragend erhalten, tief hängende Deckenbalken zwingen zum gebückten Gang, und auf schmalen Holztreppen geht es hinauf zur Gesellenkammer unters Dach. Hier sanken die Gesellen zwischen trocknenden Strohgarben, huschenden Mäusen und im Rauchabzug auf engster Fläche erschöpft in den Schlaf. Einsamkeit war kein Thema und Langeweile gab es nicht. Ob Büttner, Schwarzfärber oder Schuster, Kesselflicker, Töpfer, Korbmacher, Seifensieder, Pflasterer, Zinngießer oder Maurer – dieses uralte Haus hat alle überstanden.

Seine hölzerne Eingangstür blieb sogar dem großen Renovierungs- und Neugestaltungswahn der Nachkriegszeit verschlossen. Durch eine Reihe glücklicher Zufälle durfte das Häuschen seine Erinnerung bewahren: ein Zuhause für eine große Handwerksfamilie mit Gesellen und Meistern, unzähligen Kindern und einem bis zum Umfallen arbeitenden Handwerkerpaar. Die Frau sorgte für Ordnung im Alltag, neben fast jährlichen Schwangerschaften einerseits und damit einhergehenden Todesfällen andererseits. Die Arbeit von Meister und Lehrlingen brachte nur bei bester Qualität gutes Geld und damit Nahrung und den wichtigsten Lebensbedarf. Ein hartes Leben, das deutlich im Kontrast zum heutigen Dasein steht. Die offene Feuerstelle der Küche flößt Respekt ein, die schweren Pfannen und Töpfe ersparten jedes Fitnesstraining. Der Rauch zog zwar durchs ganze Haus, verteilte aber auch ein wenig Wärme. Im ersten Stock sind die Wohnräume so real, als würde die Hausfrau alsbald in die gute Stube einladen. Und das eigene Bett erscheint doppelt wertvoll, wenn man bedenkt, dass man sich früher zu dritt das eine Bett in der engen Schlafstube teilen musste.

Adresse Alter Stadtgraben 26, 91541 Rothenburg ob der Tauber | **Anfahrt** Parkplatz P4 Rödertor, zum zentralen Marktplatz laufen | **Öffnungszeiten** »Führung mit Walburga« April–Okt., Do–Sa 19 Uhr, Treffpunkt am Marktplatz ohne Anmeldung, 8 Euro pro Person, 12–18 Jahre 4 Euro, Gruppenbuchungen unter www.walburga-rothenburg.de | **Tipp** Ganz hinten im Gebäude liegt versteckt das geheime Örtchen (nicht mehr im Gebrauch).

66 Das Haus des Spitalbereiters

Ein Leben unter falschem Namen

Klein, trotzig, ungewöhnlich – mitten im Spitalbezirk zieht ein Häuschen trotz der mächtigen umgebenden Gebäude die Aufmerksamkeit auf sich. Gebaut wurde es in den Jahren 1591/92 vom Steinmetz Leonhard Weidmann, der damit dem Spitalbereiter für seine Verwaltungsaufgaben und Liegenschaftsleitung des Heilig-Geist-Spitals ein ungewöhnliches Verwaltungsgebäude schuf. Üppig war der Platz für diese große Aufgabe nicht: Im ersten Stock lag die Wohnung, im Erdgeschoss befand sich die Großküche. Das quadratische Häuschen besitzt als Anbau die Miniaturausgabe eines eigenständigen, eleganten Treppenturms mit Laternenhaube und Turmuhr.

Zu Beginn des 13. Jahrhunderts wurde hier das zweite Spital der Stadt gebaut. Während bisherige Spitalbetriebe von einer Bruderschaft beziehungsweise einem Spitalorden organisiert wurden und diese paritätisch eine männliche und weibliche Spitalleitung ernannten, umging man dies in Rothenburg baldmöglichst. Mitte des 14. Jahrhunderts sicherte sich der städtische Rat die Kontrolle über das einflussreiche, nun bürgerliche Heilig-Geist-Spital, strich die Stelle der Spitalmeisterin und ernannte nur noch männliche Spitalpfleger. Vielleicht war das kleine Haus eine Sparmaßnahme – man brauchte nur noch eine Wohnung und aufgrund der vielen Aufgaben des Spitalbereiters auch nur ein Bett im kleinen Raum. Obwohl dieser die Verantwortung für den Hospitalbezirk trug, die regelmäßigen Abgaben der Bauern kontrollierte und für einen reibungsfreien Ablauf im Spitalalltag sorgte. 1809 starb der letzte Spitalbereiter und damit die Erinnerung an seine Aufgabe im Spitalbezirk.

Aus dem Häuschen wurde zusammenhangsfrei das »Hegereiterhaus«. Allein das Wort Reiter zeigt eine Verbindung von Hege- und Spitalbereiter zum Arbeitstier Pferd: Die große Senke hinter dem Haus wurde als Tränke und Pferdebad genutzt.

Adresse Spitalhof, 91541 Rothenburg ob der Tauber | **Anfahrt** Parkplatz P1 Friedrich-Hörner-Weg, nahe der Spitalbastei | **Öffnungszeiten** nur von außen zu besichtigen | **Tipp** Sehenswert: Am ehemaligen Keller- und Backhaus gab eine bewegliche Leitungsschiene fein dosiert das aus einem Wandrohr kommende Wasser ab.

67 Der Heilig-Blut-Altar in Sankt Jakob

Ein versteckter Fingerzeig mit Blickkontakt

Die gesamte Erscheinung des aus Lindenholz geschnitzten Riemenschneider-Altars ist ungeheuer eindrucksvoll, und man weiß kaum, wohin der Blick zuerst gehen soll. Trotz der Größe und und des massiven Materials sorgt die helle Rückseite für Lichteinfall und verbindet so den Kirchenraum mit dem Meisterwerk. Zart und filigran wirken die Figuren trotz ihrer mannshohen Größe, in ihrer Gestik lebendig und miteinander in regem Austausch stehend. Es sind die kleinen Zeichen, die aufmerksam machen.

Ausnahmsweise dominiert Judas das Gesamtbild, ihm ist Jesus mit offener Hand zugewandt. Zwischen beiden, kaum zu erkennen, hat Johannes in liebevoller Freundschaft seinen Kopf an Jesus Seite gelegt und weiß sich in dessen Umarmung geborgen. Die vierte Person der Gruppe weist mit verstecktem Fingerzeig auf die Besucher außerhalb des Altars. Wer sich von rechts nähert, gerät in den direkten Blickkontakt dieses Jüngers. Geschickt ist Riemenschneider mit dieser winzigen Geste ein (un?)beabsichtigter Zeitensprung gelungen, der den Raum zwischen Kunstwerk und Betrachter auflöst und im übertragenen Sinne eine Verbindung zwischen Himmel und Erde herstellt.

Das gesamte Retabel wird umrahmt von der Symbolik des Weinstocks. Das Wurzelwerk und der Stock beginnen ganz unten in der Kreuzigungsgruppe und ranken sich weit nach oben zum Gesprenge. Der Künstler Tilman Riemenschneider kannt die Weinberge gut und wusste, dass viele Vogelarten zwischen den Rebstöcken zu Hause sind. Kaum erkennbar hat er daher in einer Ecke einen kleinen Sänger versteckt.

Der Altar gehört zu den größten Meisterwerken des Würzburger Bildhauers Tilman Riemenschneider und trug durch seine wundertätige Heilig-Blut-Reliquie zu einer großen Pilgerbewegung im 15. Jahrhundert bei.

Adresse Klostergasse 15, 91541 Rothenburg ob der Tauber | **Anfahrt** außerhalb parken und zur Jakobskirche nahe am Marktplatz laufen | **Öffnungszeiten** Termine für Führungen und Eintritt unter www.rothenburg-evangelisch.de/pfarrei-st-jakob | **Tipp** Neben dem Altar hängen zwei Fotos einer früheren Sanierung. Da darauf die Figur des Judas herausgenommen wurde, zeigt sich eine neue Ansicht.

68 Das Hühnerwunder

Wo die Jakobsmuschel Brathähnchen lebendig macht

Die Legende von den Hühnern, die begangenes Unrecht bezeugen, ist eine treue Begleiterin der Jakobspilger und findet sich in verschiedenen Versionen an Kirchenwänden oder Altären entlang der Strecke nach Santiago de Compostela. So auch in der Sankt-Jakobs-Kirche in Rothenburg. Seit dem 12. Jahrhundert gehört der Sankt-Jakobs-Pilgerweg zu den meistbegangenen Bitt- und Bußwegen. Die in Bildern dargestellte Legende warnte Pilger vor betrügerischen Wirten, Händlern und Fahrleuten, gleichzeitig stärkte sie ihre Wundergläubigkeit.

Auf der Rückseite des Zwölfbotenaltars in Sankt Jakob sind die farbenprächtigen Werke von Friedrich Herlin dargestellt. Er malte sie 1466, auf dem Höhepunkt der früheren Pilgerzeit. Das erste Bild zeigt eine gut betuchte Pilgergruppe beim typischen Essen, das Mahl für alle in der Mitte, jede Person hat einen festen Becher wie auch Brot und ein Messer. Mit dem Rücken zur Gruppe der Wirt mit dem goldenen Becher, den er in einem der Pilgersäcke versteckt.

Eine andere Legende erzählt von der abgewiesenen Wirtstochter, die ein Auge auf den Sohn geworfen hatte und aus Rache den Becher versteckte. In beiden Fällen ist es ein junger Mann, der auf dem nächsten Bild am Galgen hängt, während die anderen Pilger weiterziehen.

Szenenwechsel: Die Gruppe ist nun geschmückt mit dem Symbol der Pilger, der Jakobsmuschel, und erkennt beim Eintritt in die Stadt, dass der junge Mann noch lebt. Der im Bild unsichtbare heilige Jakobus hat den Unschuldigen vor dem Tode bewahrt. Nun geht es zum Richter, mit diesem dann zum Wirt. Der grillt gerade Hühner am Spieß vor dem offenen Feuer und leugnet sein Vergehen. Da werden Huhn und Hahn am Bratstock lebendig und fliegen entrüstet davon. Gerechtigkeit muss sein und der betrügerische Wirt an den Galgen, in der alternativen Version die Wirtstochter. Das Vertrauen der Pilger auf Gottes Gerechtigkeit war wieder hergestellt.

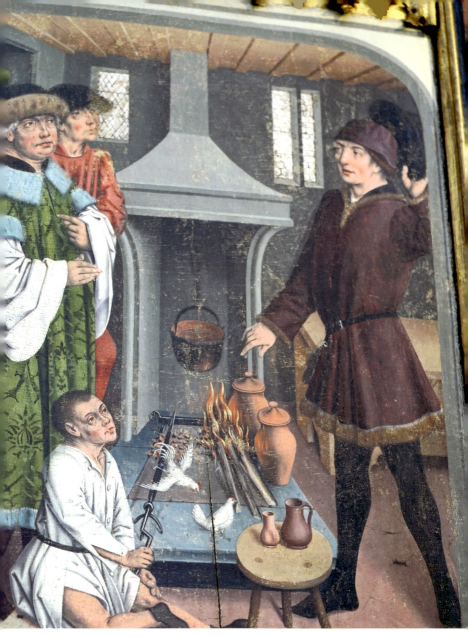

Adresse Klostergasse 15, 91541 Rothenburg ob der Tauber | **Anfahrt** außerhalb parken und zur Jakobskirche nahe am Marktplatz laufen | **Öffnungszeiten** 10. Jan.–März, Nov. 10–12 und 14–16 Uhr, April–17. Okt. 10–18 Uhr, So 11–18 Uhr, Dez. 10–16.45 Uhr, Eintritt 2,50 Euro | **Tipp** Die Bilder der Legende sind nur bei Führungen zu sehen. Lohnenswert die schön verzierten Schlusssteine an der Decke und links der blühende Rosenstock zu Füßen Marias.

69 Das Hybrid-Hotel »Alter Ego«

Smart und digital von Bar bis Badewanne

Geht man nach dem Namen, müssten sich in diesem Gebäude die Seelen der Eigentümer und Erbauer in Gängen und Zimmern offenbaren wie die sonst nur in englischen Schlössern wohnenden, sagenumwobenen Hausgeister. Ein bisschen ist es auch so. Die Kompromisslosigkeit beim Umbau der ursprünglichen Villa des Seifen- und Parfüm-Fabrikanten August Schmieg von 1905 lässt in jeder Backsteinritze die Willensstärke und den Mut spüren, ein Hotel der anderen Art zu wagen und Bedenken gar nicht erst aufkommen zu lassen. Den eigenen Wünschen zu folgen – das war der Bauplan. Die Vergangenheit wird, sicherlich unabsichtlich, überraschend aktuell. Parfüm und Seifen dienen damals wie heute der Hygiene, das rein digital funktionierende Hotel erlaubt es, während des gesamten Aufenthalts kontaktfrei und damit coronakonform zu bleiben.

So steril wie es klingt ist es bei Weitem nicht. Es ist eher wie ein zweites Zuhause konzipiert, mit klarer und übersichtlicher Aufteilung und Einrichtung und einem kräftigen Vertrauensvorschuss im eigenverantwortlich zu nutzenden Trust-Kühlschrank. Außerhalb der Stadtmauer gelegen und damit befreit vom mittelalterlichen Fachwerkflair, durfte diese ehrwürdige, zum Teil im Krieg ausgebrannte Rothenburger Villa ihren äußeren Charme behalten. Im Inneren erzählen die wiederaufbereiteten roten Wandsteine vom Leben der Industriellenfamilie und ehrwürdigen Familientraditionen. Stilvoll und funktional-elegant wird der geschichtliche Rahmen neu gedacht und Unternehmertum in einem 100 Prozent digitalen Hotelkonzept weitergeführt.

Es funktioniert. Die Konzentration auf Geschichte, Tradition, Hightech- und Wohlfühlanspruch trifft den Nerv der Zeit, und bei Bedarf stehen die guten Hausgeister ganz real mit Rat und Tat zur Seite. Vor der Villa stehen die Ladesäulen bereit für ankommende E-Autos, denn auch die wollen bestens versorgt sein.

Adresse Vorm Würzburger Tor 15, 91541 Rothenburg ob der Tauber, mae@mittermeiershospitality.com, www.mittermeiersalterego.de | Anfahrt der St 220 Richtung Stadtzentrum folgen, über die Ansbacher Straße und die Bahnhofstraße zum Hotel | Tipp Direkt neben dem Würzburger Tor liegt außerhalb der Stadtmauer eine schöne Parkanlage.

70 Der Klingenturm
Wie kam das Wasser in die Stadtbrunnen?

Irgendwann bemerkt sie jeder Besucher: die hohe Anzahl von Brunnen, die in vielen Gassen der Innenstadt anzutreffen sind und kleine architektonische Sehenswürdigkeiten darstellen. Viele Brunnen sind von hohen Mauern umfasst, mit Brunnenfiguren und kunstvollen Ornamenten verziert. Schmale Wasserauslässe regulieren noch heute den Wasserlauf und machen deutlich, dass die Menschen in den vergangenen Jahrhunderten um die Bedeutung des kostbaren Trinkwassers wussten und es wertschätzten. Vermutlich hatten die Bewohner oft genug Belagerungen erlebt und die Zeiten mit geschlossenen Stadttoren nur überstanden, weil die Wasserversorgung durch eine ausgeklügelte und lange geheim gehaltene Ingenieursleistung seit Mitte des 16. Jahrhunderts gesichert war.

Der Klingenturm wurde zum Zentrum des mittelalterlichen Wasserverteilungssystems. Von zwei Quellen wurde Wasser in die Tauber geleitet und von dort über die heutige Bronnenmühle hoch zum Klingenturm gepumpt, wo in 90 Meter Höhe über dem Tal in einem überdimensionalen Kupferkessel (eindrucksvoller Umfang: 1,20 mal 1,40 Meter) das Wasser gesammelt wurde. Von dort wurde es zum Seelbrunnen am Kapellenplatz geleitet. Eine ausgeklügelte Verzweigung des Rohrsystems (anfangs wurden tatsächlich Holzrohre verwendet) sorgte dafür, dass abwärts verlaufend alle weiteren Brunnen ebenfalls mit Wasser versorgt werden konnten.

Über die Jahrhunderte hinweg war die Wasserversorgung der Stadt auf dem Felsvorsprung Thema Nummer eins, auch damals gab es trockene Jahre ohne viel Niederschlag. Eine weitere Lösung war der Bau eines Stollensystems, durch das von 1867 bis 1872 mühsam Quell- beziehungsweise Sickerwasser aus der Umgebung Richtung Galgentor geleitet wurde, von dort in einige nahe liegende Brunnen und schließlich von dort hinab in die Tauber im Tal. Erst der Fernwasseranschluss in den 1950er Jahren brachte eine moderne Versorgung.

Adresse Klingengasse, 91541 Rothenburg ob der Tauber | Anfahrt Parken P5 Bezoldweg, durch das Tor in die Stadt und direkt am inneren Stadtmauerring durch die Klingenschüttgasse zum Turm laufen | Tipp Im Wehrgang, der über die Wolfgangskirche erreicht werden kann, sind noch Teile der alten Wasserrohre zu sehen, die bei Sanierungsarbeiten freigelegt wurden.

71 __ Die Kneippanlage
Kühle Füße an heißen Tagen

Vom Aussichtspunkt An der Eich entdeckt man die zwischen den Sträuchern durchschimmernden Wasserbecken der Kneippanlage. Im Sommer ist es eine große Verlockung, die steil scheinenden Treppen hinunterzusteigen und dem Wanderweg in den Weinberg abwärts zu folgen. Es geht nur ein kleines Stück Richtung Taubertal, dann biegt man ab, nimmt einen etwas verborgenen Weg hinauf und steht vor einem kleinen Holzzaun. Das Tor lässt sich leicht öffnen, vorbei geht es an der bald 30-jährigen Erinnerungs-Linde, Jacken und Taschen werden am besten auf einer Bank abgelegt. Jetzt wird gekneippt!

Eine Tafel erklärt, wie Körper und Kreislauf richtig in Schwung kommen. In ein halbhohes Becken werden die Arme eingetaucht, in den zwei flacheren gewöhnen sich erst die Füße und später die Beine an das Wasser, dessen Temperatur sich nach dem natürlichen Sonnenlauf und Schattenwurf richtet. Im Storchenschritt wird am Handlauf dreimal das Becken umrundet, dann geht es wieder hinaus ins Trockene.

Anschließend gibt es ein Fest für die Sinne. Oberhalb der Becken sind im Hang Sommerblumen und duftende Kräuter gepflanzt. Das Auge erfreut sich an den Farben, schaut den Bienen und Schmetterlingen zu, und die Hand fährt sanft über duftenden Thymian oder den intensiven Ysop. Die Blätter des Liebstöckels erinnern an Großmutters Gemüsesuppe und machen schon mal Appetit aufs Abendessen, während die Duftrose einfach nur zum Genießen ist.

Langsam geht es die Kräuter- und Blumenrabatte entlang. An deren Ende führt ein Tretwiesenweg mit wechselndem Untergrund aus Holzstücken, feinem Kies, Sand, grobem Schotter, weichem Gras, groben Rund- und Pflastersteinen hinein ins Sträucherdickicht, macht einen kleine Bogen und führt außer Sichtweite zu einer versteckten Bank. Hier hinten ist nun wirklich nichts mehr. Unbemerkt kann man Mücken und Vögeln lauschen, bevor es zurück Richtung Stadtmauer geht.

Adresse An der Eich, 91541 Rothenburg ob der Tauber | **Anfahrt** außerhalb parken und zur südwestlichen Stadtmauer unterhalb des Kriminalmuseums laufen | **Tipp** Wer traditionsreiche Weinkultur erleben will, geht zum Weingut und Hotel Glocke der Familie Thürauf und meldet sich für eine Weinprobe an (www.glocke-rothenburg.de).

72 Die Kunst im Wildbad
Was ist denn DAS?!

Das ist mutig: in diesem wunderschönen Wildbad-Park Installationen zu platzieren, die sich so gar nicht in die Naturidylle einfügen. Im Gegenteil: Sie irritieren und zwingen zur Auseinandersetzung. Die Evangelisch-Lutherische Landeskirche hat einen großen Schritt gewagt und schafft in einem zehnjährigen Kunstprojekt freie Gestaltungsräume für zeitgenössische, ortsgebundene Kunstwerke.

Und so passiert es, dass ein gedankenversunkener Spaziergänger unvermittelt einer desorientiert wirkenden Menschengruppe gegenübersteht, die erst auf den zweiten Blick als leicht gruselige Szenekunst zu erkennen ist und das ganze Jahr über Wind und Wetter trotzt. Nicht weit davon hat das Wildbader Bienenvolk einen neuen Nachbarn, der die Zerbrechlichkeit von Beziehungen und Systemen aufzeigt und den Wert von Stabilität und Umwelt dagegenstellt. Nichts Neues für das Bienenvolk, aber vielleicht für uns Menschen. Am Ufer der Tauber macht ein großer Kubus als Köhlerofen mit Transformationsprozessen auf sich und die ihn umgebende Natur aufmerksam. Im Kleinen wirken diese Prozesse in einer Vitrine im Wohntrakt weiter, dort erinnert ein »geköhlter« Schneeballen an das Kunstprojekt im Außenbereich. Atmosphärisch dicht und nah an den Ursprung des Wildbads geht es in einer Klanghöhle unterhalb des Eingangsrondells. Zwei Schritte hineingehen, Geduld haben, Augen schließen und einfach Ort, Klang und Stimme wirken lassen. Aus der Dichte eines Höhlenraums nimmt das Wortspiel eines anderen Kunstwerks gleich eine Sichtachse vom höchsten Punkt des Parks bis hinunter zum Flussbett in Anspruch. Mit dem auf Ebenen verteilten Schriftzug »Blick in den Atem der Welt« werden der Park und seine Menschen Teil des weltweiten Ganzen, er öffnet das Bewusstsein für Zusammenhänge und der daraus resultierenden Verantwortung.

Wer weiß, wie es mit der lang geplanten Kunstreihe weitergehen wird.

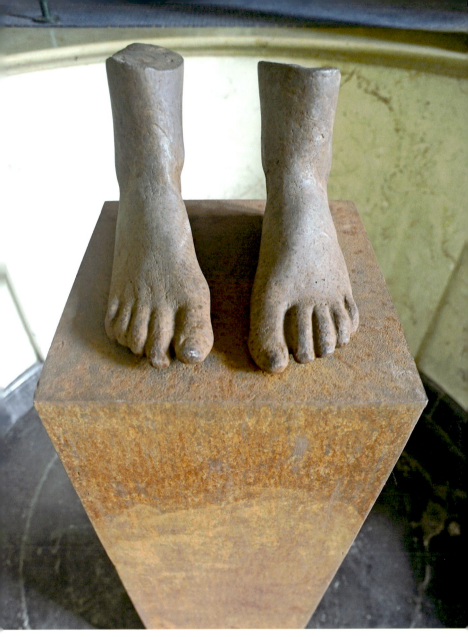

Adresse Tagungsstätte der Evangelisch-Lutherischen Kirche, art residency, Taubertalweg 42, 91541 Rothenburg ob der Tauber, Tel. 09861/9770, www.wildbad.de | **Anfahrt** an der Altstadt von Rothenburg Richtung Schrozberg / Langenburg vorbei, dem Wegweiser »Evangelische Tagungsstätte Wildbad« Richtung Taubertal folgen | **Tipp** Während der ausgewählte »Artist in Residence« aktiv ist, finden Künstlergespräche, Werkstattbesuche, Symposien und Kunstforen statt. Informationen unter wildbad.de/art-residency-wildbad.

73 Die Landhege

Eine grüne Grenze für den Hegereiter

Wer von der Stadt hinunter ins Taubertal und auf der anderen Seite wieder empor gekommen ist, genießt weite Blicke über landwirtschaftlich genutzte Ebenen. Das tat auch Rothenburgs Bürgermeister Heinrich Toppler (um 1350–1408), allerdings mit begehrlichem Blick. Seiner territorialen Gier folgend kaufte er stadtnahes Land mit einer Fläche von rund 400 Quadratkilometer, 183 Ortschaften und vierzig Burgen des verarmten Landadels. Als Reaktion auf diese erschreckende Expansion der Stadt verhängten Burggraf Friedrich von Nürnberg und Bischof Johann von Würzburg 1407/08 die Reichsacht über Rothenburg, das dadurch nicht mehr unter dem Schutz des Landesherrn stand.

Das Rothenburger Land musste geschützt werden. Entlang der 62 Kilometer langen grünen Grenze wurde die Landhege angelegt. Auf zwanzig Meter Breite wechselte sich ein Wall- und Grabensystem ab, auf dem undurchdringliche Heckenpflanzen wuchsen. Diese natürliche Grenze zog sich von Steinach im Nordosten in einem westlichen Bogen über Lichtel im Nordwesten, vom Rohrturm im Südwesten bis Wettringen im Südosten bis zur östlichen Frankenhöhe. Natürlich ließ man sich die wichtigen Zolleinnahmen nicht entgehen und wollte auch genau wissen, wer sich im Rothenburger Land bewegte. So wurden neun Öffnungen mit Landtürmen geschaffen, an denen der Durchlass von Reisenden und Handelswaren kontrolliert wurde. Die in den Türmen wohnenden Hegereiter hatten nicht nur ein Auge auf den Durchgangsverkehr, sondern auch die Verantwortung für die Grenzsicherung entlang ihres Heckenabschnitts. Drohte Gefahr, blieb der kampferprobten Bevölkerung genug Zeit, Verteidigungsmaßnahmen zu ergreifen. Spätestens jetzt wird deutlich, warum die Hegereiter ihre Unterkunft nicht im Spitalbereich gehabt haben konnten.

Erst 1802 war Schluss. Napoleon Bonaparte ließ die Landhege aufheben, das Grabensystem einebnen und verkaufte die Türme.

Adresse Hegereitertürme: Großharbach, Brücke im Dorf, 91587 Adelshofen; Lichtel 29, 97993 Creglingen | **Anfahrt** über die A7 zur Ausfahrt Langensteinach und weiter nach Großharbach zum Landturm; oder A7, Ausfahrt Rothenburg ob der Tauber, hinunter nach Detwang und südlich zur Bronnenmühle, die Reutsächser Steige St 1020 hoch, über Reutsachsen, Schwarzenbronn nach Oberrimbach nach Lichtel | **Tipp** Aktuelle Informationen zum Hegereiterland unter www.hegereiterland.de. Ein Radwanderweg führt 9,5 Kilometer entlang der alten Grenze.

74__Leonhard Weidmann

Der schwebende Atlant mit Blick für die Ewigkeit

Wer direkt unter dem Rathauserker mit Blick zum Sankt-Georgs-Brunnen steht, sollte einige Schritte zurücktreten und nach oben blicken. Hoch oben schwebt das Abbild des berühmtesten Baumeisters von Rothenburg: Leonhard Weidmann. Wie kein anderer hatte er Mitte des 16. Jahrhunderts bei vielen der wunderschönen Bauwerke der Stadt seine Hand im Spiel und prägte mit seinen Plänen und baulichen Umsetzungen viele der heutigen Sehenswürdigkeiten. Einzigartig das zweifache Bollwerk der Spitalbastei in Form einer Acht, mit sieben Toren, einem Fallgitter und einer Zugbrücke im Süden der Stadt, uneinnehmbar durch den begeh- und befahrbaren Geschützboden der Bastei. Als Gegensatz dazu das liebevoll zurückhaltende Häuschen des Spitalbereiters im Spitalhof. Das Baumeisterhaus in der Oberen Schmiedgasse trägt zwar selbstbewusst seinen Namen, gehörte aber Senator Michael Wirsching.

Über seine Lebensdaten ist schwerlich etwas zu finden, aber sein architektonisches Erbe spricht für sich. Die Erfahrungen aus seinen Wanderjahren haben ihn anscheinend so beeindruckt, dass er sie in seiner persönlichen Wirkstätte Rothenburg umsetzen wollte. Seit 1562 als lokaler Baumeister hoch geschätzt, wurde er 1568 zum Rothenburger Bürger ernannt und 1575 zum Meister gesprochen. Sein Einfluss war gefestigt und die Wege zur städtischen Architektur standen offen.

Lange wurde ihm auch der Bau des Rathauses nach dem großen Brand von 1501 zugesprochen. Unterlagen aus dem Archiv belegen jedoch, dass Niklas Hofmann aus Halle an der Saale den Zuschlag bekam. Dieser legte sogar ein Modell aus Lindenholz zur Begutachtung vor. Sicher war Weidmann am Wiederaufbau 1572 beteiligt, der Entwurfsplaner mit Hauptverantwortung war jedoch ein anderer. Was Weidmann nicht davon abhielt, sich selbstbewusst am Gebäude zu positionieren – mit direktem Blick auf seine in der Stadt verteilten Meisterbauten.

Adresse An der Rathausecke Marktplatz/Herrengasse den Blick nach oben richten, 91541 Rothenburg ob der Tauber | **Anfahrt** Parkplatz P4 Galgentor oder P5 Bezoldweg, zum zentralen Marktplatz laufen | **Tipp** Die Figur hält ihre typischen Handwerkszeuge in Händen. Markant ist der achteckige Treppenturm am Alten Gymnasium, das hinter dem Rathaus liegt und in die Baujahre 1589 bis 1599 fällt.

75 Maria Staudacher
Ein Frauenleben als Zeitzeugnis

Wer in Rothenburg einflussreiche Spuren starker Frauen sucht, der muss lange suchen. Es ist kaum zu glauben, dass in der langen Stadtgeschichte Frauen keine Rolle gespielt haben sollen und in den gut aufgearbeiteten Archiven nichts über sie zu finden ist. Wenigstens gibt es das Lebenszeugnis einer einfachen Arbeiterin. Ein 2005 erschienene Roman ist ein würdigendes Zeitzeugnis für viele Frauen, die in armen Verhältnissen an der Wende vom 19. zum 20. Jahrhundert lebten.

In dem Buch »Niemands Tochter« erzählt Gunter Haug das Leben seiner Großmutter Maria Staudacher. 1903 in Rothenburg geboren, aufgewachsen auf einem Bauernhof in Flinsberg, musste sie noch jung als Dienstmagd nach Dinkelsbühl. Erst später kam sie nach Rothenburg zurück und lebte in einem kleinen Häuschen mit ihrem Mann und ihren neun Kindern. Die Not und das Elend zweier Weltkriege hat sie durch- und überlebt in einer einfachen, ländlichen Umgebung, wie es damals in Franken eben war.

Maria Staudacher war eine einfache Bauerntochter, die manchmal fast zu naiv und gutgläubig ihr hartes Arbeitsleben meisterte. Sie hatte klare Lebensgrundsätze und meisterte ihr Schicksal mit einfacher Menschlichkeit. Ihr Haus stand trotz der Enge allen Menschen offen, ohne deren Not groß zu hinterfragen. So kam es, dass sie 1941 auch französichen Kriegsgefangenen in ihrem kleinen Haus zeitweilig Unterschlupf bot, ohne nach dem Grund und den Namen zu fragen. Einem verhalf sie zur Flucht. Vierzig Jahre später kam er als französicher Staatspräsident François Mitterrand zurück nach Rothenburg.

Sie starb 1965 in einfachsten Verhältnissen. Der Autor bewahrt ihr Leben vor dem Vergessen und macht sie stellvertretend für viele andere Frauenschicksale ohne falsches Mitleid sichtbar. Einer ihrer Söhne, Wilhelm Staudacher, war später zwanzig Jahre lang Stadtkämmerer und gehörte zu den ersten fränkischen Mundartdichtern.

Alter Keller 17

Adresse Alter Keller 17, 91541 Rothenburg ob der Tauber (heute ein privates Wohnhaus) | **Anfahrt** Parkplatz P4 Galgentor oder P1 Friedrich-Hörner-Weg; das Haus liegt in einer Seitengasse zwischen Oberer Schmied- und Rödergasse | **Tipp** Das Buch »Niemands Mutter« von Gunter Haug lesen und den Geburtsort der Mutter Anna Reingruber, Auerbach nahe Colmberg, besuchen.

76 Die Minerva
Ein Spiegelblick in die Menschenseele

Auf den ersten Blick erinnert die eindrucksvolle Frauenfigur an die griechische Schutzgöttin, die wie einst Athene als mythologische Namensgeberin für die griechische Hauptstadt stand. Damit es jedoch gar nicht erst zu Verwechslungen kommt, stützt sich die Brunnenfigur der fränkisch sozialisierten »Rothenburga« überaus selbstbewusst auf ein großes Wappenschild an ihrer linken Seite. Die Stadttürme Rothenburgs sind darauf deutlich zu erkennen und lassen keinen Zweifel über ihre regionale Herkunft aufkommen. Damit wird auch klar, dass es sich nicht um eine griechische Toga, sondern eine fränkische Variante des antiken Gewandüberwurfs handelt, der locker über den steinernen Körper geschwungen liegt. Ein großer Spiegel in der rechten Hand verwundert etwas ... Hält sie etwa der Stadt den Spiegel vor?

Die Skulptur ist – laut Angabe aus dem Stadtarchiv – noch vergleichsweise jung. Erst 1980 wurde sie von Friedrich Schaumann (1927–2012) geschaffen und wacht seitdem über den Seelbrunnen am Kapellenplatz. Der mächtige Steinbrunnen dagegen ist weitaus älter und verweist in seinen Ursprüngen auf das Jahr 1626. Es ist der Seelbrunnen, dessen Wasser früher zur Versorgung der Obdachlosen im Seelhaus genutzt wurde, das am Kapellenplatz lag. Die »Armen Seelen« wurden hier aufgenommen und gepflegt, durch die Nähe zum Fließwasserbrunnen entstand im Volksmund der Name des Seelbrunnens. Er ist einer der zahlreichen Brunnen im Stadtgebiet. Da Rothenburg auf einer Erhebung liegt und oft umkämpft wurde, war eine sichere Wasserversorgung lebensnotwendig. Die zuverlässige Versorgung geschah durch ein kluges Wassersystem und mit Hilfe der überall in der Stadt verteilten Brunnen, zu denen die innerhalb der Stadtmauern lebenden Menschen stets Zugang hatten.

Als Göttin der Weisheit schaut Minerva mit ihrem Spiegel in die Seelen der Menschen. Was sie sieht, bleibt ihr Geheimnis.

Adresse Kapellenplatz, 91541 Rothenburg ob der Tauber | Anfahrt Parkplatz P4 Galgentor, über die Galgengasse Richtung Zentrum laufen, nach dem Weißen Turm und dem Rabbi-Meir-Gärtchen links halten Richtung Milchmarkt | Tipp Direkt am Kapellenplatz liegt das Café & Bar Mucho Amor. Cocktails, Kaffeevarianten und vegane Speisen lassen sich abseits der touristischen Hauptrouten entspannt genießen.

77 Die mittelalterlichen Längenmaße
Von Handspannen, Ellen, Füßen und Ruten

Sie fallen neben all der Häuserpracht kaum auf: die vier Eisenstangen an der Wand vor den Gewölbekellern. Dabei waren gerade sie bis 1611 die wirtschaftlichen Machtzeichen der Stadt und bestimmten über Einkommen und Reichtum. Der menschliche Körper musste als Maß herhalten. Es gab die kleine und die große Handspanne: vom Daumen bis Mittel- oder kleinen Finger. Aus dem Fuß wurde das Schuhmaß, das in Hessen 25 Zentimeter betrug und in Sachsen sogar 42,95 Zentimeter. Eine Elle vom Ellbogen bis zur Mittelfingerspitze war in Rothenburg 59 Zentimeter lang. Drei Ellen entsprachen der Spannweite der Arme und damit einem Klafter. Für die Rute waren es 3,85 Meter oder dreizehn Fuß, mindestens aber eineinhalb Klafter.

Orte, die im Mittelalter Stadt- und Marktrechte besaßen, konnten ihre Normmaße selbst bestimmen und legten dadurch die Höhe von Steuern und Zoll fest. Händler mussten die stadtspezifischen Längenmaße genau kennen. Wer betrog, verlor schnell seine Kundschaft. Sein Ruf eilte ihm voraus. Ab dem 13. Jahrhundert wurde der Handel vielfältiger und die Preisfindung entsprechend raffinierter, dadurch spielten Gewichts- und Längenmaße eine immer wichtigere Rolle. Der erste Blick galt also den regionalen Vorgaben nahe der Stadtwaage, am Rathaus oder den Markthallen oder an den Außenmauern einer Stadt. Städtische Bedienstete wurden als Eichmeister eingesetzt, überwachten die Qualität der angebotenen Handwerksarbeiten und kontrollierten die Einhaltung der Gewichts- und Längenmaße.

Das sprichwörtliche Quäntchen Glück entspricht dem fünften Teil des Lots und hatte den Gegenwert von vier Pfennigen, also heute zwei Cent. Und das Wort »skrupellos« entspricht dem lateinischen *scrupulus*, ein spitzes Steinchen. Es handelte sich dabei um ein winziges Kleingewicht für Apotheker. »Vergaßen« sie diese Winzigkeit, dann waren sie eben skrupellos und arbeiteten nicht exakt.

Adresse Historiengewölbe Rathaus, Marktplatz 1, 91541 Rothenburg ob der Tauber, oder am Eingang zum Mittelalterlichen Kriminalmuseum, Burggasse 3–5 | **Anfahrt** außerhalb parken und zum Marktplatz laufen | **Öffnungszeiten** Das Gewölbe ist ein frei zugängiger Durchgang. | **Tipp** Am Eingang des Gewölbekellers bietet das Museum »Historiengewölbe mit Staatsverlies« einen Ausflug ins Mittelalter mit Kerker, Staatsverlies und Gefängniszellen (März–April täglich 11–16 Uhr, Mai–Feb. täglich 10–17 Uhr).

78 — Die Oldtimer-Tour
Statt Pferdeäpfel abgasfreier Elektroantrieb

Holprig geht es in Rothenburgs Gassen zu. Das Kopfsteinpflaster meint es gut mit festem Schuhwerk, während Träger von dünnen Sandalensohlen oder gar High Heels schnell an ihre Grenzen kommen.

Wer schon länger auf Schusters Rappen unterwegs ist und Müdigkeit in den schwer gewordenen Beinen spürt, freut sich über den unerwarteten Anblick eines nostalgischen Elektro-Oldtimers, der auf Fahrgäste wartend am Marktplatz parkt. Nur ein Name und eine Handynummer stehen auf dem Kärtchen, das an der Fahrerseite befestigt ist. Die wenigen Infos reichen aus, um bei geweckter Neugier den Fahrer herbeizurufen. Nach einer kurzen Wartezeit kommt dieser schon um die Ecke, die niedrigen Seitentüren werden geöffnet, und entspannt lässt man sich auf die einladenden Ledersitze sinken. Die Sightseeingtour kann losgehen. Langsam und mit leisem Elektroantrieb, abgasfrei und geruchsneutral lässt sich das altmodisch anmutende Gefährt auch in schmale Gassen steuern, die abseits der Touristenströme liegen. Verdeckfrei und damit atmosphärisch dicht am Geschehen zieht der schicke schwarze Oldtimer-Nachbau, Baujahr 1908 bis 1927, mit dunkler Motorhaube und Goldverzierung viele Blicke auf sich.

An die Pferdekutschen, die sich hier vor vielen Jahren durch das Klappern der Pferdehufe auf dem gepflasterten Untergrund machtvoll ihre Wege bahnten, erinnern nur noch vereinzelt herumstehende Verkehrsschilder mit Kutschensymbolen oder der Blick auf historische Motivpostkarten. Das Schnauben und Prusten eines lebendigen Pferdes, manchmal verbunden mit dem warmen Duft frischer Pferdeäpfel, hat dieses Nostalgieauto nicht zu bieten. Als tierfreundliche Alternative jedoch lässt sich die Fahrt durch Rothenburgs Altstadt durchaus genießen. Von den vier Sitzplätzen gehört einer dem Fahrer, der als ausgebildeter Gästeführer während der Fahrt anschaulich mit Geschichten zum mittelalterlichen Leben unterhält.

Adresse Georg Lehle, Hafengasse 20, 91541 Rothenburg ob der Tauber | **Anfahrt** außerhalb parken und zum Marktplatz / Historiengewölbe laufen | **Öffnungszeiten** Anfragen bei Georg Lehle, April – Dez Mo – Do. unter Tel. 0176/38911506, oder Emilian Staudy, Fr – So, Tel. 0176/24529420, www.faszination-rothenburg.de | **Tipp** In der Lichthäuser-Manufaktur Leyk, Erlbacher Straße 108, gibt es geschnitzte Hochzeitskutschen en miniature. Besuch im Lotusgarten oder Café mit Blick in die Manufaktur, geöffnet April – Dez. 10 – 17 Uhr.

79 Pax intrantibus, salus exeuntibus
Wie ein lateinischer Gruß Japan erreichte

Etwas paradox mutet sie an, die lateinische Inschrift im äußeren Torbogen der Spitalbastei. »Pax intrantibus« – Frieden wünscht sie den Eintretenden, obwohl gerade hier sieben Tore, ein Fallgitter, eine Pechmaske und die Zugbrücke seit Erbauung der Bastei 1586 Angreifer erfolgreich abwehrten. Die Jahreszahl der Entstehung ist noch erkennbar am Schlussstein des äußeren Torbogens, ebenso die Initialen des Baumeisters Leonhard Weidmann, der seine Liebe zur Stadt in massive Steinquader meißelte. Nimmt man noch den Wallgraben um die Bastei, den Geschützboden im Gebäude und ein früher ständig besetztes Wachhäuschen hinzu, war das Betreten der Stadt tatsächlich nur in friedlicher Absicht möglich.

Schwer beeindruckt von der offiziell friedfertigen Gesinnung zeigte sich der Präsident des Flughafens von Tokio-Haneda, Isao Takashiro. Nach japanischer Art fragte er um Erlaubnis zur Verwendung der lateinischen Inschrift und formte daraus das Leitbild seines Unternehmens. Seit 2011 besteht eine offizielle Partnerschaft mit der Stadt Uchiko in Japan. Entsprechend häufig trifft man in Rothenburg auf japanische Touristen. Diese wiederum staunten bis vor Kurzem über die Galerie des Japaners Eiichi Takeyama. Er besuchte vor vielen, vielen Jahren als Kunstdozent Rothenburg und andere Städte in Deutschland. Fasziniert vom Rothenburger Charme folgte er seiner inneren Stimme, ließ sich nieder und schuf seiner Künstlerseele mit der Galerie in der Herrengasse 23 ein kreatives Zuhause, das er bis 2023 bewohnte.

Die meisten Besucher jedoch verlassen Rothenburg wieder und suchen nach anderen schönen Orten. Manchmal nach wenigen Stunden, einige nach ein paar Tagen und alle mit müden Füßen vom Kopfsteinpflaster in den Straßen. Wer den Ausgang über das Spitaltor nimmt, verlässt die Stadt mit dem freundlichen Wunsch »salus exeuntibus« – Wohlergehen dem Dahinziehenden.

Adresse Eingang Spitalbastei, äußerer Torbogen, Taubertalweg, 91541 Rothenburg ob der Tauber | **Anfahrt** Parkplatz P2 Nördlinger Straße oder P1 Friedrich-Hörner-Weg. Zugang zum äußeren Torbogen der Spitalbastei über den Taubertalweg | **Tipp** Der gesamte Spitalbereich mit seinen mächtigen Toren und Wehranlagen liegt abseits vom Zentrum, ist aber absolut sehenswert.

80 Das Pfarrgärtle Sankt Jakob

Ein Augentrost zwischen Schaufenster und Pflasterstein

Dieses kleine Fleckchen Erde ist einfach nur schön. Inmitten von Pflastersteinen, zwischen der gewaltigen Kirchenmauer von Sankt Jakob und dem fröhlichen blau-weißen Pfarrhaus gelegen, ist das kleine gepflegte Gärtchen ein wahrer Augentrost und vermittelt Besuchern und Vorbeieilenden das Gefühl des Willkommenseins.

Früher gehörte zu einem Pfarrhaus stets ein großer Garten. Dieser war in drei Zonen unterteilt. Der größte Bereich war der Obst- und Gemüsegarten, er sicherte die Versorgung der Pfarrfamilie mit gesunden Lebensmitteln, die günstig im Anbau und lange zu ernten waren. Große Blumenbeete mit Heilkräutern waren wichtig für den Kirchenschmuck und die Gestaltung von kirchlichen Festen. Ein eigener Gartenabschnitt war für geistigen Rückzug, Ruhe und Inspiration des Seelsorgers gedacht, etwas abseits gelegen und harmonisch gestaltet. Ein schöner Garten galt als Aushängeschild der Pfarrfamilie, wobei die Pfarrfrau die Hauptverantwortung trug.

Für all das ist das Pfarrgärtle Sankt Jakob viel zu klein, die liebevolle gärtnerische Pflege jedoch ist klar zu erkennen. Klassisch in der quadratischen Form, ist es aufgeteilt mit mittiger Rasenfläche. Zu fast jeder Jahreszeit findet sich ein blühendes Pflänzchen. Krokusse, Schneeglöckchen, Traubenhyazinthen und Tulpen sind die ersten, die im Frühjahr ihre Farben zeigen. Im Sommer wächst alles in voller Pracht. Ein hoher weißer Fliederstrauch hat sich über die Jahre seinen Platz erkämpft. Wundervolle Rosenstöcke in vielen Farben verströmen ihren Duft und mischen sich fein mit den Begleitpflanzen an ihren Wurzeln. Bis Weihnachten entwickeln sich die letzten Blüten in der geschützten Lage zwischen den Mauern. Und manch geschenkter Pflanzableger hat hier schon ein neues Zuhause gefunden. Früher sollten Pfarrgärten das Paradies abbilden. Eine kleine Ahnung kann man beim Anblick vom Pfarrgärtle Sankt Jakob schon bekommen.

Adresse Klostergasse 15, 91541 Rothenburg ob der Tauber | **Anfahrt** außerhalb parken und zur Jakobskirche nahe am Marktplatz laufen | **Tipp** Ebenso ungewöhnlich wie das blau-weiße Pfarrhaus hinter dem Garten ist der »Straßentunnel« unter der Sankt-Jakobs-Kirche hindurch, eine höchst ungewöhnliche Verkehrslösung.

81 Das Rabbi-Meir-Gärtchen

Ein Leben für jüdische Weisheit und Lehre

Am Gärtchen beim Weißen Turm läuft man schnell vorbei. Hier stand früher das Judentanzhaus. Jüdische Grabsteine, jenen vom früheren Judenfriedhof nachgebildet, begrenzen, in die Mauer eingefügt, den Ort, und ein liegender Gedenkstein erinnert an Rabbi Meir ben Baruch (um 1215–1293), der vierzig Jahre in Rothenburg lebte und lehrte. Hatte beispielsweise eine Frau Anrecht auf ihr Heiratsgut, wenn sie an der Scheidung selbst Schuld trug? Wie sollte das jüdische Gemeindeleben geführt werden? Über 1.500 seiner Antworten sind erhalten und geben Einblick in das damalige jüdische Leben.

Der weise Rabbi gründete eine weithin anerkannte Talmudschule, in der diskutiert, gelehrt und um jüdische Fragen gerungen wurde. Um ihn etablierte sich eine lebendige jüdische Gemeinde, am Seelbrunnen des heutigen Kapellenplatzes entstand das erste jüdische Viertel Rothenburgs. Bei der Pariser Talmudverbrennung 1242 entstand sein Klagelied »Scha'ali serufa ba'esch«, das bis heute in den Synagogen zum Gedenken an die Zerstörung des Jerusalemer Tempels gesungen wird.

Durch ein Steuerdekret von König Rudolf I. kam es im Jahr 1286 zu einer Auswanderungswelle nach Palästina, der sich Rabbi Meir mit seiner Familie anschloss. Während er darin ein spirituelles Ereignis sah, fürchtete die Obrigkeit verlorene Steuereinnahmen. Meir wurde denunziert und verbrachte die Folgejahre im Gefängnis in Ensisheim. Er weigerte sich, gegen Lösegeld freigelassen zu werden und starb 1293. Erst 1307 löste der Frankfurter Kaufmann Alexander ben Salomon Wimpfen den Leichnam aus. Er verstarb wenige Wochen später, und seither liegen beide eng beieinander auf dem jüdischen Friedhof in Worms. Aus den Forschungen der Historikerin Nadja Bennewitz ist bekannt, dass Rebekka, die Tochter des berühmten Rabbis, noch 1320 hochbetagt in Nürnberg lebte. Insgesamt also viel Erinnerung, die in dem Gärtchen verborgen ist.

Adresse Am Weißen Turm, 91541 Rothenburg ob der Tauber | **Anfahrt** Parkplatz P4 Galgentor, über die Galgengasse Richtung Zentrum laufen | **Öffnungszeiten** frei zugängig | **Tipp** Eine eigene Abteilung im RothenburgMuseum erinnert an die jüdische Geschichte Rothenburgs. In der Judengasse gibt es eine Mikwe aus dem 15. Jahrhundert. Führungen zum jüdischen Rothenburg bei der Stadt Rothenburg, Tel. 09861/40492, erfragen.

82 Die Rossmühle

Wie eine wasserlose Mühle das Überleben sicherte

Mächtig, prächtig und eindrucksvoll erhebt sich ein Haus im Spitalviertel, das früher als einzige Getreidemühle innerhalb der Stadt die Bürger mit Mehl versorgte. Wenn bei Angriffen die Mühlen im Tal belagert waren oder die Tauber zu wenig Wasser hatte, wurde durch die mächtige Rossmühle das Überleben gesichert, denn ihr Betrieb war vom Wasser unabhängig. Vorräte gab es genug, die Bauern waren zur Vorratshaltung verpflichtet und mussten einen festen Teil ihrer Ernte für Notzeiten einlagern.

Wenn die Mühle arbeitete, konnte man das weithin hören. Es standen 16 Pferde zur Verfügung, die paarweise die vier Mahlgänge antrieben. Die schweren Mühlsteine wurden dadurch in Bewegung gesetzt und die Körner aufgeschüttet. Auch Ochsen mussten ihre Muskelkraft einsetzen und stundenlang im Kreis ihre Runden drehen. Ein spezieller Gerbgang reinigte den Dinkel von den Spelzen.

Etwa bis 1865 drehten sich die Mühlsteine, dann war Schluss. Durch den Umbau in eine Turnhalle als damals zeitgemäße Nutzung wurde das Mühlenwerk abgebaut und jede Menge Platz für sportliche Bewegung geschaffen. Zwar wurde durch einen Brand 1952 vieles am Gebäude zerstört, doch erfolgte eine sorgsame Sanierung und ein zukunftsweisender Funktionswechsel in eine international anerkannte Jugendherberge, die den jüngeren Besuchern Rothenburgs eine attraktive Unterkunft im ehemaligen Spitalviertel bietet. Durch ihre zentrale und zugleich abgeschiedene Lage ist sie hervorragend für die Unterbringung für diese aktive und quicklebendige Zielgruppe geeignet.

Die Mühle ohne Bach ist ein Technikdenkmal, im Kellergeschoss befindet sich das Mühlenfundament samt Infotafeln, Skizzen und Zeichnungen der früheren Ausmaße. An der Tauber lagen weitere, kleinere Mühlen mit Wasserantrieb für Gips, Pulver, das Walken von Textilien, zum Schmieden oder zur Papiergewinnung. Die Rossmühle jedoch war und ist einzigartig.

Adresse DJH Jugendherberge Rothenburg ob der Tauber, Mühlacker 1, 91541 Rothenburg ob der Tauber, Tel. 09861/94160, rothenburg@jugendherberge.de | **Anfahrt** Parkplatz P1 Friedrich-Hörner-Weg, ins Spitalviertel laufen | **Tipp** Gegenüber dem Eingang liegt ein Mühlstein. Die große Scheune wird Schafscheune genannt und weist auf die früher übliche Schafhaltung hin.

83 Der Schäfertanz

Hüpfen und Springen, wenn der Pfiff erklingt

Wer hier mittanzt, braucht Kondition. Eine halbe Stunde lang geht es ohne Pause im rhythmischen Hüpfschritt über das Pflaster des Marktplatzes vor der prächtigen Rathauskulisse. Dazu ein Lächeln im Gesicht und einen Hut als Sonnenschutz. Die schweren langen Röcke fliegen den Damen um die Beine, und jeder Tänzer folgt konzentriert dem gemeinsamen choreografischen Ablauf. Was gar nicht so einfach ist, da viele lineare Figuren mit Kreisfiguren kombiniert werden und immer wieder neue Bewegungen entstehen. Konstant sind eigentlich nur die Pfeifsignale, die laut und durchdringend einen Abfolgewechsel herbeiführen.

Alljährlich an Pfingsten haben die Tänzer ihren ersten Auftritt. In einer historischen Szene bestätigen Oberschäfer und der Rat der Stadt das Auftrittsrecht, danach ertanzt sich die Gruppe den Marktplatz. Ursprünglich kam ab 1472 die Schäfer-Bruderschaft alljährlich um Bartholomäi zu ihrem »Schäfereytag« zusammen, feierte ihren Gottesdienst am Betplatz der späteren Wolfgangskirche und tanzten anschließend mit den Bürgerstöchtern in den Gassen. Ein schöner Brauch in einer Zeit, als die Schafhaltung ein wichtiger Wirtschaftszweig für Rothenburg war.

Im Wandel der Jahrhunderte geriet auch der Schäfereytag in Vergessenheit und wurde erst 1911 wiederentdeckt. Allerdings als lustiger Beitrag zur damaligen Faschingsveranstaltung. Mit dem Griff in die heimische Stoffkiste entstanden aufwendige, an die Biedermeierzeit angelehnte Damentanzkleider, und die Männer trugen ihre zünftigen Lederhose als bäuerlich-fränkische Tracht. Schick ausgerüstet, wurde eine Choreografie entworfen, an der die einfachen Schäferburschen vermutlich verzweifelt wären.

Der Erfolg gab dem Tanz seine neue Daseinsberechtigung, und so wird der inzwischen tatsächlich historische Tanz als fester Programmpunkt Jahr für Jahr zu Feierlichkeiten und an Festtagen aufgeführt.

Adresse Kirchdorfstraße 6, 91607 Gebsattel, Tel. 0171/3662391, www.schaefertanzrothenburg.de | **Anfahrt** außerhalb parken; getanzt wird auf dem Marktplatz | **Öffnungszeiten** Zu sehen ist der Schäfertanz Pfingstsonntag und im September während der Historischen Reichsstadttage. Mittänzer sind jederzeit willkommen! | **Tipp** Die Geschichte des Schäfertanzes ist im Torturm der Sankt-Wolfgangs-Kirche als kleines Museum dargestellt.

84 Die Schneeballen
Das Traditionsgebäck für alle Jahreszeiten

Sie sind dekorativ, variantenreich, lange haltbar, transportfähig und kugeln als Rothenburger Traditionsgebäck durch ziemlich viele Schaufenster. Das Schneeballengebäck hat seinen Ursprung vor über 300 Jahren. Belegt werden kann dies durch eine Rechnung aus dem Jahr 1719, als es beim damaligen Wildbadwirt ein üppiges Mahl mit gebratenen Hasen, Karpfen, Wein, Bier und einer Schüssel Schneeballen gab. Diese waren sogar teurer als die Karpfen. Bereits Mitte des 19. Jahrhunderts erscheint im berühmten Koch- und Backbuch der Grazerin Katharina Prato ein Rezept zu diesem Schmalzgebäck. Ihr darin ebenfalls aufgezeigtes Vanillekipferl-Rezept wurde so oft raubkopiert, dass es, oft unerkannt und leicht abgewandelt, bis heute in vielen anderen Backbüchern auftaucht.

Inzwischen hat jede Schneeballenbäckerei in Franken und im Hohenloher Land ihre eigene Geheimrezeptur. Phantasie und Einfallsreichtum zeigen sich in Dekoration oder Füllung. Das sollte man unbedingt beim Verzehr beachten. Schokoladenballen in sommerlichen Kinderhänden haben unglaubliche Auswirkungen! Pudergezuckerte kombiniert mit Windböen sind im Vergleich harmlos und vielleicht deswegen die klassische Verzierung.

In der Herstellung unterscheiden sich zwei Varianten. Die ganz handwerkliche markiert mit einem gezackten Teigrädchen feine Schnittmuster in den flachgewalzten Teig. Er wird mit spitzen Fingern zu einem lockeren Durcheinander verwoben und in einer heißen Fritteuse versenkt. Hitzebedingt entfaltet sich das Knäuel und trudelt zurück an die Oberfläche, wo es leicht gebräunt herausgenommen wird und sein überflüssiges Fett abtropft. Die zweite Variante geht auf Nummer sicher. Das rohe Teigdurcheinander wird sorgsam in einem Schneeballeisen verwahrt und darf sich erst zum Schluss freischwimmen. Stückchenweise in Kaffee getunkt kann die naturgemäße Trockenheit des Mürbegebäcks gefahrlos umgangen werden.

Adresse in allen Bäckereien Rothenburgs, zum Beispiel bei »Schneeballenkönig« Diller, Obere Schmiedgasse 7, 91541 Rothenburg ob der Tauber, www.schneeballen.eu; Bäckerei Striffler, Untere Schmiedgasse 1, 91541 Rothenburg ob der Tauber, www.baecker-striffler.de Anfahrt außerhalb parken und Richtung Zentrum laufen; die Schneeballen finden sich überall in den Schaufenstern der Bäckereien Öffnungszeiten »Schneeballenkönig« Diller: täglich 11–17 Uhr; Bäckerei Striffler: Mo–Fr 7–17 Uhr, Sa 6.30–17 Uhr, So 11–17 Uhr Tipp Rothenburgs älteste Traditionsbäckerei seit 1788 ist die Bäckerei Hachtel in der Galgengasse 50. In der siebten Generation werden hier weit mehr als nur Schneeballen gebacken.

85 Die Sonnenuhr am Volksbad

Ein Zeitmesser für traurige Stunden

Der Schrannenplatz ist heute ein belebter Ort: Parkplatz für Touristenbusse und Treffpunkt für Reisegruppen, die in die Rothenburger Innenstadt wollen. Ein großes Holztor inmitten eines prachtvollen Sandsteinportals fällt ins Auge, geschmückt mit Wappenzeichen und steinernen Lorbeerkränzen. Wer durch das große Tor zur Eingangstür blickt, erkennt darüber den Schriftzug »Städtisches Volksbad«, erbaut 1930. Damals wachte die kleine Sonnenuhr über dem Tor vermutlich über glückliche Stunden. Hier herrschte ein lebhaftes Kommen und Gehen für rund hundert Menschen pro Woche, die in dieser öffentlichen Badeeinrichtung in fröhlicher Gemeinschaft eher rustikale Badegewohnheiten verbrachten. Ein soziales Event zur damaligen Zeit, als es noch keine Bade- und nur wenige Waschgelegenheiten in den städtischen Häusern gab.

Eindrucksvoll ist heute nur noch das Portal, auf dem eine Sandsteinkugel den krönenden Abschluss bildet. Knapp darunter lässt sich ein Zeiger der unauffälligen rechteckigen Sonnenuhr im Sandstein erkennen. Sie sitzt viel zu hoch, um die Zeit ablesen zu können. Und ist viel zu klein. Schmucklos außerdem. Immerhin ist sie wenigstens nicht allein dort oben. Rechts und links ragen Metallhaken hervor, die, ebenfalls durch Schattenwurf, Hinweise zum Zeitverlauf geben. Auf der großen Sandsteinkugel sind bei genauem Hinsehen verwitterte Zahlen und Zeichen zu erkennen. Wer weiß, was sich tatsächlich hinter diesem ungewöhnlichen eckigen Torabschluss verbirgt? Oder wessen Stunden des Glücks die so hoch angebrachte Uhr überhaupt zählen sollte?

Heute zählt sie die Menschen, die über den Schrannenplatz in die Innenstadt ziehen. Manchmal verwandelt sich die Rasenfläche hinter dem Tor in eine Eventlocation und es herrscht wieder ein munteres Treiben. Wer auch immer am großen Sandsteinportal vorübergeht – über ihm wacht versteckt die traurigste Sonnenuhr der Stadt.

Adresse Schrannenplatz. 2, 91541 Rothenburg ob der Tauber | **Anfahrt** Parkplatz P5 Bezoldweg, Mauerdurchgang zum Schrannenplatz, auf der linken Seite Richtung Zentrum liegt das Tor zum früheren Volksbad | **Tipp** Prächtig ist die Sonnenuhr aus dem Jahr 1768 an der Fassade der Ratsherrntrinkstube. Eine weitere befindet sich am achteckigen Treppenturm des Alten Gymnasiums hinter dem Rathaus.

86 Die Spitalkirche
Die geheime Heimat der Einhörner

Frei von großen Meisterwerken und kostbaren Schnitzereien genießt die schlichte, gotische Spitalkirche im südlichen Mauerbezirk Rothenburgs ein entspanntes Dasein. Mit Gründung des Spitals im Jahr 1281 lag der Bezirk noch auf dem Kappenzipfel am Rande der Stadt. Hier wurden Pilger und Reisende aufgenommen, wenn es bei Einbruch der Nacht keinen Einlass durch die Stadttore mehr gab. Mit dem Bau der Stadtmauer und der späteren Einweihung der Spitalkirche 1308 wurde der Spitalkomplex Teil des inneren Stadtbezirks. Die unaufgeregte Lage an der Stadtmauer mag auch ein Grund dafür gewesen sein, dass es 1945 kaum Kriegsschäden gab.

Da die Tür selten verschlossen ist, sollte man ruhig einen Blick in das Innere der Spitalkirche werfen. An den Wänden fallen befestigte mächtige Wappenschilder der Consuln Rothenburgs ins Auge, die als Spitalmeister auch für die Geschicke der Stadt verantwortlich waren. Zwei dieser Schilder gehören zur ehrwürdigen Familie Albrecht: Die Consuln Johann Georg und Simon Christoph Albrecht. Beide tragen die magischen Fabeltiere mit dem großen Horn auf der Stirn in ihren Wappenzeichen. Stolz und aufrecht in der Bewegung heben sich zwei vom roten Grund im gevierteilten Wappen ab. Ein drittes wächst zwischen den Büffelhörnern des Helmes hervor und demonstriert Selbstbewusstsein und Kraft.

Einhörner gab es in allen Epochen, mal war das kompakte Nashorn oder der im Ozean schwimmende Narwal sein Vorbild. Mystisch, märchenhaft, kunstvoll verklärt und religiös zweckentfremdet irrt es noch heute durch zahlreiche Kinderzimmer. Bei den Consuln jedoch sind sie in ihrer ursprünglichen Wildheit und weißen Schönheit zu entdecken, rosa Glitter und lockender Wimpernschlag ist ihnen fremd. Diese Wappentiere sind erfrischend anders, und man spürt – hat man sie erst einmal entdeckt – ihren magischen Zauber zwischen den ehrwürdigen Kirchenbänken wehen.

Adresse Spitalgasse 46, 91541 Rothenburg ob der Tauber | Anfahrt Parkplatz P1 Friedrich-Hörner-Weg, ins Spitalviertel laufen | Tipp Im Kirchhof wird an den bedeutendsten Reformator Sloweniens, Primus Truber, erinnert, der von 1548 bis 1553 in Rothenburg lebte und als Schöpfer der slowenischen Schriftsprache gilt.

87 Die städtische Tierwelt
Unterwegs auf Spuren der geheimen Haus-Tier-Welten

Katzen und Hunde sind ganz klar die Haustiere Nummer eins. Dann folgen Hamster und Mäuse als Kleintiere sowie Ziervögel. Dass Tiere für Menschen schon immer eine wichtige Rolle spielten, zeigt sich auch in Rothenburgs engen Gassen. Die reichen Hausverzierungen und Familienzeichen spiegeln eine muntere Fauna wider, die es sich auf Erkern, in Brunnenverzierungen oder Häuserwänden gemütlich gemacht hat und das Touristentreiben unberührt an sich vorbeiziehen lässt. In der Herrengasse können phantasievolle Tiergeschichten lebendig werden. Wo zum Beispiel hat sich am Hornburghaus eine mächtige Fledermaus versteckt? Und war es früher so, dass man mit Pfeil und Bogen Fische jagte, wie der zweite Stein am Haus weismachen will? Angler werden sofort die taubertypische Barbe erkennen, ebenso den hungrigen Reiher mit seiner Jagdbeute.

Der perfekte Apetittanreger befindet sich ein Stück weiter in der Herrengasse, wo er als gewaltiger, leuchtend roter Krebs im Namen der Familie Johann Krebs seit 1571 auf die Gastronomie aufmerksam macht. Nicht weit entfernt ist ein Schwan von 1680 zu entdecken. Wer weiter durch die Straßen spaziert, wird sie entdecken: Hirsche und Rehe, zahlreiche Löwen und Adler in verschiedensten Posen, die magischen Einhörner, Lämmer und edle Schwäne. Ebenso sind Jakobsmuscheln und Silberdisteln zu finden.

Besonders phantasievoll lassen sich die Familienwappen der Spitalpfleger im Spitalbezirk umdeuten. Hier erwacht eine ganze Tierwelt zu neuem Leben. Aus den stilisierten Helmen wird eine königliche Froschfamilie, die ihren Platz im Spitalbereich selbstbewusst eingenommen hat. Gewieft lächelnd, mit goldenen Kronen auf den breiten Froschköpfen und demonstrativen Goldketten um den kurzen Froschhals herrschen sie über Rothenburg – dessen Turmsymbol auch hier erkennbar ist – mit der Waage der Gerechtigkeit über Geflügel und einen edlen Schwan.

Adresse Häuserwände und Eingangstore, zum Beispiel in der Herrengasse oder im Spitalbereich | **Anfahrt** außerhalb parken und Richtung Zentrum laufen | **Tipp** An den Brunnen gab und gibt es Fischbecken, die eine wichtige Funktion hatten. Sie waren »Reinheitssensoren« – denn muntere Fische bedeuteten trinkbares Wasser.

88 Die Stauferstele
Wo alte Säulen an ein früheres Reich erinnern

Seit 2010 erinnert die weiße Rundstele im Burggarten an die Staufer. Sie ist Teil eines internationalen Projekts, das sich über sechs europäische Staaten und 38 Orte ausdehnt und damit den gewaltigen Einflussbereich der Staufer aufzeigt. Das Adelsgeschlecht brachte zahlreiche Könige und Kaiser hervor, deren Herrschaft als ein Höhepunkt der deutschen Geschichte gilt. Ab Ende des 12. Jahrhunderts regierten sie ein Gebiet von Lübeck bis Palermo und von Lyon bis Wien. Auch Rothenburg gehörte dazu.

Alle Stelen sehen gleich aus. Sie besitzen eine oktogonale Grundform und bestehen aus vier Teilen mit einer Höhe von 2,75 Metern. Die meisten kommen aus Pappenheim im Altmühltal, das bekannt für seinen Abbau von Jura-Marmor ist. Die Säulen bestehen vollständig aus einer speziellen Sorte, dem rahmweiß gebänderten Jura-Travertin. Durchaus schwergewichtig, aber nicht protzig und dominierend wirken sie auf ihre Umgebung. Was im Burggarten auch an der Ausstrahlung der wunderbaren alten Bäume liegen kann, die mit ihrer naturgewaltigen Souveränität schon seit Jahrhunderten ihren Platz behaupten und sich von so einer Stele in keinster Weise beeindrucken lassen.

Auch die Gestaltung ist immer gleich. Stets sind es vier Inschriften mit dem dazugehörenden Wappen. In Rothenburg sind dies: das herzögliche, rot-weiß gezackte Frankenwappen, das Stadtwappen mit den Türmen, der Reichsadler und drei schwäbisch-herzögliche Löwen. Das auffallende goldene Band im Abschluss symbolisiert die Reichskrone der Staufer.

Die erst von späteren Geschichtsschreibern eingeführte Bezeichnung Staufer leitet sich von dem am Nordrand der Schwäbischen Alb bei Göppingen gelegenen Hohenstaufen ab, auf dessen Gipfel heute nur noch geringfügige Reste der ehemaligen Stammburg übrig geblieben sind. Sozusagen als Taufstein steht dort daher die größte Stele mit drei Meter Höhe.

Adresse Im Burggarten, 91541 Rothenburg ob der Tauber | **Anfahrt** Parkplatz P5 Bezoldweg, den Tor- und Turmweg Richtung Westen bis zum Burggarten laufen, die Stele liegt einige Meter hinter dem Tor rechts | **Öffnungszeiten** jederzeit zugängig | **Tipp** Die 23igste Stauferstele befindet sich in Dinkelsbühl, vor der evangelisch-lutherischen Sankt-Pauls-Kirche an der Nördlinger Straße, Ecke Klostergasse.

89 Die Stöberleinsbühne
Vorhang auf: die Freilichtbühne an der Stadtmauer

Es ist ein ausgesprochen ruhiger, fast verlassener Ort, abseits im Spitalbereich. Die Bühne liegt vor einer wunderbaren, fast einzigartigen Kulisse. Gerade hier zeigt sich der Rothenburger Mauerweg von seiner schönsten Architektur und lässt seine Besucher treppauf, treppab lustwandeln. Direkt ans Mauerwerk schließt die Bühne, beides zusammen ergibt eine wunderbare Kulisse für die auf den galerieartig ansteigenden Stufentreppen sitzenden Zuschauer.

Aufgrund eines mageren Spielplans lässt sich die Bühne leicht mit Spontanvorstellung beleben, beliebt bei Kindern als Abwechslung zu langweiligen Stadtbesuchen. Regieanweisungen geben die Namen, die in den Mauersteinen des Treppengangs zu lesen sind. Man nehme zum Beispiel Prinzessin Birgitt de Vigo Paleologo aus dem Club der Gourmets 1961, schicke sie nach New Mexico an die State University und lasse sie dort Max Schmeling und Robert Kasimir begegnen. Robert entpuppt sich als Prinz Enrico, der wenig später in San Francisco zum Prinzen de Vigo Aleramico Paleologo wird. Bei der Hochzeit stoßen beide mit Henkell Royal an und genießen Jahre später im Goldenen Hirsch in Rothenburg eine Wurstplatte der Rügenwalder Wurstfabrik. Womit man wieder beim Ausgangspunkt wäre.

Die Idee einer Freiluft-Kulturstätte wurde mit viel Engagement im Rahmen einer Qualifizierungsmaßnahme für Langzeitarbeitslose umgesetzt, 2008 feierlich eingeweiht und als Volksbühne eröffnet. Heimische Handwerksbetriebe haben sich zusammen mit dem Bauhof engagiert und in sechs arbeitsreichen Monaten dieses harmonische Ambiente für Theater, Kunst und Musik geschaffen. So verlassen, wie sie wirkt, ist sie nicht. Sie hat viele Konzerte, Aufführungen und Veranstaltungen zum Fränkischen Sommer erlebt, und bei den Reichsstadttagen ist sie genauso ein wichtiger Spielort wie für spontane Vorstellungen von Schulklassen aus der nahe gelegenen Jugendherberge.

Adresse Spitalhof 8, 91541 Rothenburg ob der Tauber | **Anfahrt** Parkplatz P1 Friedrich-Hörner-Weg, zum Spitalviertel laufen, direkt an der Bastei durch den Fußgängerdurchgang auf die Stadtmauer, an der Kirche vorbei zum Stöberleinsturm | **Tipp** Wer den Stöberleinsturm genau anschaut, entdeckt einen zugemauerten Durchgang, der hinaus ins Tal führte. Ein Stückchen weiter führt der Weg durch den Kalkturm zu einem sehr netten Picknickplatz vor der Stadtmauer.

90 Die Taubermühlen

Florierende Wirtschaft dank des Wassers Lauf

Die Mühlen an der Tauber sind einzigartig. Allein unterhalb von Rothenburg drängelten sich einst zwanzig Mühlen auf zwei Kilometern Wasserstrecke. Ihre Namen zeigen den wirtschaftlichen Wert des romantisch dahinfließenden, eher unspektakulären Wasserlaufs.

Zahlreiche Getreidemühlen teilten sich die Aufgabe, die Körner – zumeist Dinkel – zu Mehl zu mahlen. Das Bauholz wurde in den Sägemühlen zugeschnitten und gesägt, Zimmerleute und Schreiner verwendeten es anschließend für den Haus- und Möbelbau. Gipsmühlen lieferten den dafür wichtigen Kalk oder Gips für die Bauleute. Gewaltig waren die Hammerschmieden mit ihren Schmiedehämmern und Blasebälgen, deren Wucht für die Metallverarbeitung unverzichtbar war. Die Gerber nutzten Stampfmühlen, um die zur Lederverarbeitung benötigte Eichenrinde zu Brei zu stoßen. In Walkmühlen wurden die Wollstoffe verarbeitet, in Ölmühlen wurde schon vor Hunderten von Jahren kostbares Leinöl gepresst, und einige Zeit drehte sich kontinuierlich das Wasserrad einer Papiermühle. Mit einer Pulvermühle reagierte man auf die Marktnachfrage, und selbst eine Tabakmühle fand ihre Nische im damaligen Mühlensektor.

Heute sind nur die Fuchsmühle und die Bronnenmühle noch fast vollständig erhalten. Das spielt auf dem Mühlenweg aber kaum eine Rolle, denn inzwischen sind die Taubermühlen genauestens dokumentiert, und Infotafeln lassen an den entsprechenden Orten die Vergangenheit der Jahre 1350 bis 1800 wieder lebendig werden. Aus vielen Mühlen wurde im Privatbesitz ein eigenes Wasserkraftwerk, manch Eseltreppe ist noch zu erkennen, auf der die Vierbeiner die schweren Säcke bis hinauf zum Mühlwerk trugen. Eine Sonderstellung nahm die Rossmühle, die heutige Jugendherberge inmitten der Stadt, ein. In Notzeiten konnte sie durch Ochsen- und Pferdekraft betrieben werden und sicherte die Versorgung der Bevölkerung während einer längeren Belagerungszeit.

Adresse Spitaltor, 91541 Rothenburg ob der Tauber, Ausgangspunkt für eine Mühlenwanderung mit 15 Mühlen auf rund 11,2 Kilometern. Der Wandermarkierung W2 ins Tauber- und Schandtaubertal folgen, an der Bronnenmühle geht es zurück in die Stadt. | Anfahrt Parkplatz P2 Nördlinger Straße oder P1 Friedrich-Hörner-Weg | Tipp Auf www.taubermuehlen.de sind alle Taubermühlen dokumentiert. Geführte Mühlenwanderungen bieten Lothar Schmidt, Tel. 09861/8739670, lothar.schmidt@taubermuehlenweg.de, und Hans-Gustav Weltzer, Tel. 09861/86317, an.

91 Die Trinkstube »Zur Höll«

Wo der Teufel seinen Wein kredenzt

In verspielten Buchstaben steht es groß an der Hausfassade »Mittelalterliche Trinkstube Zur Höll«. Der geschmiedete Ausleger ragt zwischen den Fenstern des ersten Stockwerks in die Burggasse, und schon von Weitem erkennbar lockt der Teufel die Gäste in seine Höll. Dem Lockruf sollte man folgen. Rustikal-romantisch ist das Ambiente der Holztische und Stühle im Vorhof zur Höll für alle, die ihren Wein gern im Freien und an der frischen Luft genießen wollen. Im Innern der Trinkstube fühlen sich müde Wanderer, erhitzte Radfahrende oder bummelnde Stadtbesucher eher im Himmel als in der Hölle. Gemütlich sitzt man an den stabilen Holztischen, im kleinen Gewölbekeller rutscht man gern mal näher zusammen, und irgendwo findet sich immer ein Plätzchen, um das Weinglas abzustellen. Es werden ausgewählte fränkische Weinsorten zu rustikaler Vesper und Abendessen serviert. Ökologisch und optisch einwandfrei in Tongefäßen und auf Schiefer- oder Holzbrettern.

Wenn auch nicht durchgängig belegbar, soll es eines, wenn nicht sogar das älteste Haus der Stadt sein. Auf jeden Fall steht es schon sehr, sehr lange in der Burggasse. Die meiste Zeit wurde es als Wohnhaus genutzt, wie damals üblich teilten sich Mensch und Vieh die unteren Räume. Früher wurde es durch hohe Bäume dunkel und eng abseits der Hauptgasse, wie in einer Höhle eben. Erst in den 1980er Jahren wurde es zur Trinkstube und erhielt seinen missverständlichen Namen. Aus der Höhle wurde schnell die Höll, und so zog der Teufel ein. Ihm gefällt's!

Rein geografisch führt ein kurzer Weg zur Höll: Vom Rathaus am Marktplatz schnell ins Pfäffleinsgässchen, eine für Rothenburg typische, verborgene schmale Gasse abseits der Hauptgassen. Kaum eine Autobreite stehen sich kleine Fachwerkhäuser gegenüber und vermitteln ein Gefühl der Geborgenheit.

Adresse Burggasse 8, 91541 Rothenburg ob der Tauber, Tel. 09861/4229, info@zurhoell.com | **Anfahrt** außerhalb parken, Richtung Marktplatz laufen, nicht weit entfernt vom Kriminalmuseum | **Öffnungszeiten** täglich ab 17 Uhr außer So | **Tipp** Wunderbar für alle, die sich noch etwas zu sagen haben und sich um die Kunst des gesprochenen Wortes bemühen: In der Höll gibt es kein Mobilnetz.

92 Die Waffenkammer
Hier kommen Mittelalterfans auf ihre Kosten

Wer im Souvenier- und Schaufensterbummelmodus, betäubt von Zuckerbonbons, Schneeballen und Rosendekoration, die Schmiedgasse entlangschlendert, wird irritiert vor martialisch dekorierten Fenstern stehen bleiben. Ein Blick auf den Geschäftsnamen bestätigt jedoch die Ankunft im Mittelalter: »Waffenkammer«. Klar gibt's hier auch Dekosachen, in erster Linie jedoch das, worauf es im wahren Mittelalterleben ankam: Waffen und die passende Ausrüstung. Ganz schnell wird klar, dass die Waffenkammer ein Abenteuerland für Mittelalterfans und Historienliebhaber ist. Wer eintritt, erlebt eher eine Zeitreise als einen Gang durch einen Verkaufsladen.

Ob Kreuzritter, Lohengrin oder Leonidas – die angebotenen Schwerter und Äxte haben wenig mit Spielgeräten zu tun, vielmehr finden sich auch Werke aus limitierten Editionen oder besonders wertvolle Exemplare. Taschen- und Jagdmesser höchster Qualität, mittelalterliche Essbestecke und Gebrauchsmesser in Lederetuis – Recken lieben den fachlichen Austausch darüber mit dem Eigentümer Johannes Wittmann. Im Kontrast dazu wird für die Maiden edles Geschmeide gezeigt, der kämperischen steht die hohe Kunst des Schreibens gegenüber und zeigt sich in handverlesenen Gänsefedern mit stilvollem Federkiel, Tintengläschen, Siegelwachs und in Leder gebundenen Notizbüchern. Natürlich darf das passende Outfit nicht fehlen. Lederbänder, Armschutz und Kopfbedeckung gibt es als Ergänzung zu wunderschönen Gewändern, die auf mittelalterlichen Festen zur Pflicht werden. Und wer schon immer mal den exotischen Geschmack von Kehlenschneider, Barbarengold oder Druidenwurz testen wollte, findet eine schöne Auswahl von Met und Beerenweinen, mitsamt stilechten Trinkhörnern.

Das Ehepaar Johannes und Carolin Wittmann kennt seine Kundschaft und berät mit viel Erfahrung. Was passt besser ins mittelalterliche Rothenburg als eine solche Waffenkammer?

Adresse Obere Schmiedgasse 9/11, 91541 Rothenburg ob der Tauber, www.waffenkammer-online.de | Anfahrt außerhalb parken, ins Zentrum laufen | Tipp Hier gibt es auch eine große Auswahl an Schnitz- und Taschenmessern.

93 Die Wappensteine
Geheimsprache an Häuserwänden

Das Rothenburger Stadtwappen aus dem 13. Jahrhundert, die schwebende rote Burg mit zwei Zinnentürmen, wirkt eher schlicht angesichts der phantasie- und kraftvollen Bilder, die sich an den prächtigen Häusern in Rothenburgs Straßen zeigen. In ihnen lebten einst machtvolle und einflussreiche Patrizierfamilien, die ihren Reichtum über Jahrhunderte selbstbewusst und mit Stolz zur Schau stellten. Bis heute finden sich ihre in Stein gemeiselten Visitenkarten über hohen Toreingängen, zwischen Fensterfronten oder in deutlich sichtbaren Erkern. Es lohnt sich, einmal genauer hinzuschauen.

Am Patrizierhaus aus dem 15. Jahrhundert in der Oberen Schmiedgasse 1 finden sich seltene Zeichen von Gleichberechtigung, denn hier zeigen sich starke Frauen der Öffentlichkeit. Deutlich sticht das rechte Wappenbild der Familie Creglinger ins Auge, das ein stolzes Frauenprofil mit langem Goldzopf auf einem Ritterhelm mit fast geschlossenem Visier zeigt. Auf der linken Seite lässt sich ein modern anmutender, stilisierter Frauenkörper der Familie Geissendörfer erkennen, der mit goldener Halskette und wehenden Haaren beflügelt nach vorne blickt. Und zumindest namentlich werden auf dem mittleren, aus dem Jahr 1692 stammenden Wappenstein die Ehepartner Philipp Bernhard Schwarzmann und Catharina Maria Erhard genannt und auf einem gemeinsamen Partnerwappen dargestellt.

Die Heraldik ist eine spannende Lehre, und für Fans der Wappenkunde ist ein Spaziergang durch Rothenburg das reinste Bilderbuch. Die Gestaltung von Wappen geht auf das 12. Jahrhundert zurück und ist durchaus an Regeln gebunden. Andererseits werden der Phantasie in der Kombination von Farben, Symbolen, Tieren, Fabelwesen und kriegerischem Zubehör keine Grenzen gesetzt. Visitenkarten übernehmen heute eine ähnliche Aufgabe, sind aber wesentlich unkomplizierter in der Nutzung.

Adresse Obere Schmiedgasse 1, 91541 Rothenburg ob der Tauber | Anfahrt außerhalb parken, zum Marktplatz laufen | Tipp Die Ausleger stellen oft Familienwappen oder Namen in Bildsprache dar. Ganz traditionell am Gasthaus Eisenhut, Herrengasse, oder am Hotel Goldener Hirsch, Untere Schmiedgasse.

94 Der Weltladen
Das Plönlein als Botschafter für fairen Welthandel

Diese Kombination gibt es nur hier: Das Plönlein mit »Rothenburg Kaffee« und »Rothenburg Schokolade«. Zu hundert Prozent bio sowie fair produziert und gehandelt, sind diese beiden echte und nachhaltige Botschafter einer Stadt, die 2010 von der Bundesregierung als »Ort der Vielfalt« ausgezeichnet wurde. Hier wandern die Kaffeebohnen der Kleinbauern aus Nicaragua und Mexiko in die Tüte und verbinden sich südamerikanische Kakaobohnen mit der fairen Milch der Berchtesgadener Milchwerke zu zartschmelzender Schokolade. Genuss mit reinem Gewissen.

Weltverbundenheit und kulturelle Vielfalt: Über siebzig Nationen leben in dem eher kleinen Rothenburg mit seinen knapp über 11.000 Einwohnern. Im abseits der Hauptstraßen gelegenen Weltladen drückt sich der Gedanke der weltweiten Verbundenheit durch fairen Handel in einer gerechten Welt schon seit den 1990er Jahren aus. Der Rothenburger Weltladen ist einer von 900 in Deutschland, die sich in einem Dachverband zusammengeschlossen haben und durch die drei Säulen Verkauf von fair gehandelten Produkten, Informations- und Bildungsarbeit sowie politische Kampagnen ein Umdenken bewirken wollen. Hier wird der Mensch in den Mittelpunkt gestellt, nicht der Profit. Ein Kampf gegen die Übermacht der Konzerne und die Vision einer gerechteren Welt, die heute aktueller und dringender denn je zuvor ist.

Wer im Weltladen vorbeischaut, wird herzlich begrüßt. Und findet sicher etwas, was Augen, Herz und Gewissen erfreut. Das Angebot ist erstaunlich abwechslungsreich, phantasievoll und farbenfroh und auf jeden Fall praktisch. Exotische Gewürze, Grundnahrungsmittel, aber auch Gute-Laune-Textilien, Gläser, Schmuck, Produkte aus dem Regenwald wie Seifen und Öle liegen in den Regalen, ebenso wie Spielsachen und liebenswerte Alltagsdinge. Mittendrin und unverzichtbar: Rothenburger Kaffee und Schokolade mit Plönlein-Bild und Bio-Siegel.

Adresse Klostergasse 20, Rothenburg ob der Tauber, Tel. 09861/700640, www.weltlaeden.de/rothenburg | Anfahrt Parkplatz P4 oder P5, zur Jakobskirche laufen; in der Herrengasse Richtung Burggarten liegt der kleine Laden | Öffnungszeiten Mo, Di, Do, Fr 14–18 Uhr, Mi 10–12 Uhr, Sa 10–13 Uhr | Tipp Eine kleine Filiale gibt es auch im Tagungszentrum Wildbad. Beide Läden werden mit viel Engagement geführt.

95 Die Wolfgangskirche
Zu den Wehrgängen geht's am Altar vorbei

Es ist eine sehr ungewöhnliche Kombination: die mächtige Klingentorbastei und ihre Wolfgangskirche. Nichts lässt beim Blick auf die Stadtbefestigung vermuten, dass hinter den Schießanlagen und Kasematten hohe Kirchenfenster zum Gebet einladen. Zwar schmückt sich das Mauerwerk zum Stadtinneren hin mit hübschen Steinrosetten an den gotischen Fenstern, doch wirken die niedrigen Holztore wenig einladend und der angrenzende Torbogen schickt Besucher gleich wieder zur Stadt hinaus. Als Schäferkirche ist der Steinbau besser bekannt, denn sie war der Betplatz und Treffpunkt für die Schäfer der Umgebung. Die Bruderschaft der Schäfer erbaute die Kirche ab 1475 auf ihrem angestammten Treffplatz und feierte alljährlich um Bartholomäi ihren Festgottesdienst.

Eine Kirche, die nicht für eine Religionsgemeinschaft gebaut wurde, sondern für einen im Mittelalter wichtigen Berufszweig? Warum nicht: Die Verteidigungsbereitschaft der Schäfer zum Schutz ihrer Herden steht nicht im Widerspruch zu einer Wehrkirche. Im Mittelalter waren sie überlebenswichtige Schutzorte für die Landbevölkerung, die oft zwischen die Fronten ihrer Landherren gerieten. Als städtische Wehrkirche ist Sankt Wolfgang eher ungewöhnlich und hebt die räumliche Trennung zwischen Gebet und Kampf fast auf. Zu den Wehrgängen geht es direkt am Hauptaltar vorbei. Dicke Steinmauern, schmale Treppen und enge Pfade führen vorbei an Verliesen und dunklen Kammern, eine Wendeltreppe führt hinauf zum Dachgeschoss mit Schießscharten und einer in den Stein gehauenen Pechmaske.

Humorvoll zeigt sich die Wolfgangslegende auf den Altarflügeln. Unten rechts folgt Sankt Wolfgang seiner Berufung nach Regensburg und verlässt den Ort Einsiedel. Der treue Kirchenbau mit großer Ähnlichkeit zur Wolfgangskirche will zwar mit, aber Wolfgang untersagt es ihm. Heute steht in Regensburg ein eindrucksvoller, moderner Kirchenbau.

Adresse Klingentorbastei, 91541 Rothenburg ob der Tauber, Tel. 0171/3662391, u.bach@gmx.net | **Anfahrt** Parkplatz P5 Bezoldweg, direkt hinter dem Torchurchgang liegt die Schäferkirche | **Öffnungszeiten** April–Juli, Okt. Sa, So, Juli–Sept. Mi–So 10–12.30 und 13–16.30 Uhr | **Tipp** Das Schäfertanz-Kabinett im Torturm erklärt den historischen Schäfertanz, der zu den immateriellen Sehenswürdigkeiten Rothenburgs gehört. Auftritte der Tanzgruppe und Infos unter www.schaefertanzrothenburg.de.

96 Meistertrunk und Kinderzeche

Heiße Sohlen, raue Gesellen und historisches Treiben

Historische Feste mit ihren Festspielen prägen Rothenburg (»Der Meistertrunk«) und Dinkelsbühl (»Die Kinderzeche«). Während der Festwochen fühlt man sich vor allem an den Wochenenden ins Mittelalter versetzt: Die Bevölkerung lebt den Zeitensprung mit historischen Umzügen und mittelalterlichen Darstellungen innerhalb und außerhalb der Stadtmauern. Fasziniert beobachten und erleben jährlich Tausende von Besuchern diese Festtage, bei denen die geschichtliche Überlieferung eine lockere Beziehung mit Theaterspiel und Erzählkunst eingeht.

Beide Feste haben ihren Ursprung im Dreißigjährigen Krieg, als die Schwedenheere viele Städte in Schutt und Asche legten. Auch Rothenburg (1631) und Dinkelsbühl (1632) mussten ihre Stadttore den Feinden öffnen. Im Rückblick auf das Elend und die Not dieser Zeit sowie die wundersame Rettung der Städte entstanden historische Stadtfeste. Neben den Rothenburger Reichsstadt-Festtagen im September steht an Pfingsten im Festspiel »Der Meistertrunk« aus dem Jahr 1881 ein gewaltiger Trinkhumpen im Mittelpunkt, der vom damaligen Altbürgermeister Georg Nusch zur Stadtrettung in einem Zug geleert werden musste. Nur wenige Jahre später, 1897, entstand in Dinkelsbühl das Festspiel »Die Kinderzeche«. Mit der sympathischen Figur der Kinderlore als symbolischer Retterin der Stadt stellt man bis heute nicht nur die Kinder in den Mittelpunkt, sondern brachte auch die damals in Glaubensfragen recht unversöhnlichen Bürger zur gemeinsamen Feier zusammen.

Die Vorbereitungen für diese Festtage laufen das ganze Jahr über: Strümpfe werden gestrickt, originalgetreue Gewänder und Schuhe genäht, gepflegt und ausgebessert. Theaterrollen und Zugehörigkeiten zu den nachgestellten Belagerungsszenen und -gruppen sind Teile gelebter Familientradition.

Adresse 91541 Rothenburg ob der Tauber/91550 Dinkelsbühl | **Anfahrt** in beiden Städten außerhalb der historischen Stadtmauer parken | **Öffnungszeiten** Die Kinderzeche findet immer um den dritten Montag im Juli, der Meistertrunk stets zu Pfingsten statt. Eintritt an den Stadttoren. | **Tipp** Seit 2016 gehören beide Feste zum Immateriellen Kulturerbe der UNESCO auf Bundesebene. Übrigens: Wer im mittelalterlichen Gewand kommt, zahlt keinen Eintritt!

97 Die Brennerei Frankenhöhe

Von Flaschengeistern und Hochprozentigem

»Die ich rief, die Geister, werd' ich nun nicht los«, ließ Goethe bereits 1797 seinen Zauberlehrling erfahren. In der Brennerei will man die Geister gar nicht loswerden, man pflegt sie eher sorgsam und mit Bedacht. Frisches und geschmackintensives Obst, versetzt mit neutralem Alkohol, sind die Zutaten für die Geistherstellung. Das Feeling für die richtige Temperatur zaubert dann je nach Obst einen Himbeer-, Holunder-, Vogelbeer- oder Brombeergeist.

Die Obstgeiste sind Teil eines ausgewählten Angebots der Brennerei auf der Frankenhöhe. Die Brennerei ist seit Generationen in der Hand der Familie Haag-Leiblein. In den 1960er Jahren stellte der damalige Küfermeister massive Eichenfässer her, die von Weinbauern gern gekauft und im Gegenzug mit Wein bezahlt wurden. Für den Eigenkonsum war der Wein eindeutig zu viel, er musste verkauft und unter die Leute gebracht werden. So entstand der erste Weinhandel. Die Familie blieb im Geschäft, 1974 konnten erstmals Brennrechte erworben werden, die die Grundlage für die neue Brennerei bildeten.

Bleibt als wichtigste Zutat noch das Obst. Das meiste wird in eigenen Plantagen angebaut, auf regionale Erzeugnisse wird viel Wert gelegt. Die Natur trägt das ihre zum Gelingen bei: Das Obst muss nicht makellos, sondern stark im Geschmack sein. Das Klima in Mittelfranken ist nicht wirklich beständig, sodass es jedes Jahr wieder eine Überraschung bleibt, wie sich welche Obstsorte entwickelt und wie viel Süße sich den Sommer über entfaltet. Sind die Früchte reif und voller Geschmack, wird geerntet und der Destillationsprozess beginnt. So wie schon der Zauberlehrling verkündete »Seine Wort' und Werke, merkt ich und den Brauch, und mit Geistesstärke tu ich Wunder auch.« Was beim Zauberlehrling schiefging, gelingt hier dem Meister. Sein Können ruft die Geister und zaubert sie in großer Vielfalt erfolgreich herbei.

Adresse Im Hotel Die Post, Rothenburger Straße 1, 91583 Schillingsfürst, Tel. 09868/9500, www.brennerei-frankenhoehe.de | Anfahrt A 7, Ausfahrt Wörnitz, nach Schillingsfürst und den Hinweisschildern folgen | Tipp Mit dem Duft fränkischer Kräuter und Blumen lockt der Wiesenkräuter-Schnaps. In Monaten mit »r« schwimmen Karpfen im Hausbrunnen, bis ein hungriger Gast seine Bestellung aufgibt.

98 Das Franz-von-Liszt-Denkmal
Die Kirche, der Adel und ein Musiker

Am 10. Juli 1884 wurde laut »Fränkischer Anzeiger« das Liszt-Denkmal mit folgenden Worten eingeweiht: »Der Mann, vor dessen Büste wir uns hier versammelt haben, steht Sr. Durchlaucht, Herrn Kardinal von Hohenlohe nahe als Freund und Künstler ... Wenn Sie sich nun hier versammeln, um dem Freunde des Herrn Kardinals, dem berühmten Tonkünstler Franz von Liszt eine Ovation darzubringen, so ehren Sie sich nicht nur selbst, sondern bekunden, dass Sie Sinn für die Intentionen haben, deretwegen dieses Denkmal gesetzt wurde. Ich, als Vertreter Sr. Eminenz sage Ihnen dafür meinen besten Dank und empfehle das Denkmal Franz von Liszt's Ihrem Schutze und Wohlwollen.« Immerhin ist dies das einzige Denkmal, das Liszt bereits zu Lebzeiten errichtet wurde, zu verdanken ist es seinem Freund, Kardinal Karl Gustav zu Hohenlohe-Schillingsfürst. Zwei Jahre später starb Liszt an einer Lungenentzündung.

Liszts Beziehungen zum Hause Hohenlohe beruhen zum einen auf der Freundschaft zum Kardinal, zum anderen auf der Beziehung zu Carolyne zu Sayn-Wittgenstein, die er 1861 eigentlich heiraten wollte. Obwohl der Kardinal selbst die Hochzeit vereitelte, um die Enterbung seines Bruders Konstantin, Gatte von Carolynes Tochter Marie, zu verhindern, wurde er Liszts Freund und Mäzen. Auf Liszts Reisen zwischen Weimar, wo er als großherzoglicher Kapellmeister angestellt war, und der Villa d'Este in Tivoli blieb er oft einige Tage in Schillingsfürst. Die enge Verbundenheit mit der Familie wird auch in den vielen Kompositionen deutlich, die er den einzelnen Familienmitgliedern widmete. Zwei sakrale Werke für den Cardinal Prince Gustav zu Hohenlohe, zahlreiche andere widmete er Princess Carolyne zu Sayn-Wittgenstein.

Auf Schloss Schillingsfürst ist dem berühmten Freund der Familie ein eigenes Zimmer gewidmet, in dem mit Bildern, Fotografien und Dokumenten die enge Beziehung dargestellt wird.

Adresse Denkmal im Kardinalsgarten, Schafhofsteige, 91583 Schillingsfürst, das Denkmal liegt in der Nähe des Spielplatzes | **Anfahrt** A 7, Ausfahrt Wörnitz, nach Schillingsfürst, Parken am Wall, nahe Ludwig-Doerfler-Museum | **Tipp** Marie zu Sayn-Wittgenstein hatte 1887 die erste Liszt-Stiftung ins Leben gerufen. Heute finden durch die Liszt-Akademie Konzerte und Meisterkurse in Schloss Schillingsfürst statt. Infos unter www.liszt-akademie-schillingsfuerst.de.

99 Der Gasthof Adler

Frühere Asylstätte für Zornige und hitzige Gemüter

Hoffen wir mal, dass die Gäste des Gasthauses entspannt und gut gelaunt ihr Essen genießen, anregende Stunden in freundlicher Gesellschaft genießen und anschließend friedlich wieder nach Hause gehen können. Warum auch nicht?

Weil es hier im Jahre 1522 noch anders zuging, wie es im Zins- und Gültbuch des Amtes Schillingsfürst anno dazumal bezeugt wird. Hier stand das Frankenheimer Wirtshaus, dem die Herren von Hohenlohe das kaiserliche Privileg zugestanden, Straftätern bis zu ihrer Verurteilung Schutz zu gewähren. Wer »inn Zorn oder hitzigem Gemüet« oder »unversehenlicher weys inn einem gezenckh oder aufruhr« eine Straftat begangen hatte, konnte Asyl bekommen. Gegen Zahlung eines Guldens war der Übeltäter einen Monat lang vor Verfolgung und Racheakten der Geschädigten sicher. Sein Freigang war jedoch eingeschränkt: »Nemlich vom Schlos bis in das Würtzhaus, von dann inn Kirchen und das Bade so er der nottürftig ist zu besuchen, von dannen Biss wieder ins Würtzhaus und nit weitter.« Das ehemalige Badehaus lag bei der Wörnitzquelle, ein heute nicht mehr existierendes Freiheitsgässchen sicherte den Gang dorthin. Wer den Gulden nicht zahlen konnte oder jemanden ermordet hatte, konnte dieses Asyl nicht in Anspruch nehmen.

Nicht nur das Asyl-, auch das Schankrecht war streng geregelt. Die Herren von Hohenlohe pflegten einen guten Geschäftssinn und machten dem früheren Wirtshaus klare Schankauflagen. Der Wirt durfte nur Wein aus dem Besitz der Standesherrschaft ausschenken, ebenso mussten die Untertanen sämtliche Feste dort feiern. So kam der Wein unters Volk und bescherte den Adeligen sichere Einnahmen.

Heute steht das Gasthaus Adler seit 300 Jahren am Marktplatz, nichts erinnert mehr an das damalige Privileg. Nur noch Überlieferungen aus dem Stadtarchiv bewahren die enge Verbundenheit des Hauses mit der Geschichte von Schillingsfürst.

Adresse Am Markt 8, 91583 Schillingsfürst, Tel. 09868/1411, www.gasthof-adler.de | **Anfahrt** A 7, Ausfahrt Wörnitz, nach Schillingsfürst, auf der Hauptstraße den Hinweisschildern folgen | **Öffnungszeiten** Mi Ruhetag | **Tipp** Fernblick zum Schloss gibt es auf der Terrasse. Sehenswert ist die nahe Kirche Sankt Kilian, auf der zweiten Empore ist man den Orgelpfeifen ganz nah.

100 Der Jagdfalkenhof
Zu Besuch im Revier der Greifvögel

Es sind Schlossbewohner mit besonderem Wohnrecht: die Käuze und Eulen, Falken und Adler des Fürstlichen Jagdfalkenhofs Schloss Schillingsfürst. Sie verzichten auf Glanz und Prunk und besiedeln lieber ihre Holzvolieren im schattigen Burggraben. Bussarde und Milane sehen wir oft am Himmel ihre Bahnen ziehen oder im Sturzflug ihr Mittagessen jagen.

Im Falkenhof kommt man ihnen ganz nah – natürlich mit gehörigem Sicherheitsabstand – und kann sich ihrem scharfen Blick stellen. Zusammen mit ihren Falknern Luka und Burkhard Hellmann beherrschen sie die große Rasenfreifläche und demonstrieren ihr Können. Und das ist wahrlich beeindruckend! Als Schlossgrabenbewohner mit Revieranspruch zeigen die Greifvögel den aufgeregten Besuchern regelmäßig, wer das Sagen hat. Jede Flugvorstellung birgt ein gewisses Risiko. Die Verbindung zwischen Falkner und Vogel wird allein durch Vertrauen und Zuwendung gehalten, eine direkte Leinenverbindung gibt es nicht. Hoch oben in der Luft sind die Vögel auf sich allein gestellt – und die Weite des Himmels ist durchaus verlockend. Meistens jedoch wirkt der Fleischhappen am gut gepolsterten Arm des Falkners stark genug, um Igor oder Lui wieder zurückzuholen. Kopf einziehen ist angesagt, wenn die schweren Gänsegeier mit beeindruckender Spannweite anlanden oder der Weißkopfseeadler mit seinem scharfen Schnabel zum Freiflug startet.

Die Falknerei ist Berufung, das wird durch die Erklärungen während der Vorführung schnell klar. Was so einfach wirkt, ist harte Arbeit, bei der man sich keine Fehler erlauben kann. Faszinierend schön und beeindruckend in seiner Unabhängigkeit sitzt ein Vogel schon mal entspannt hoch im Baum und steigert so die Erwartungshaltung für den Rückflug. Gelächter und lautes Raunen entlang der Besucherreihen sowie schnelle Kopfbewegungen begleiten die Vorführung, zum Schluss erschallt lang anhaltender Applaus.

Adresse Greifvogel- und Eulenpark Wilder Wald im Fürstlichen Jagdfalkenhof, Am Wall 14, 91583 Schillingsfürst, Tel. 09868/201 und 09868/812, office@schloss-schillingsfuerst.de | **Anfahrt** A 7, Ausfahrt Wörnitz, nach Schillingsfürst, Parken am Wall, nahe Ludwig-Doerfler-Museum, Fußweg zum Schloss | **Öffnungszeiten** Di–So und feiertags 10.30–17 Uhr (letzter Einlass 16 Uhr), Flugschau 11 und 15 Uhr, Schlossführungen 12, 14 und 16 Uhr. Kein Zutritt für Hunde! | **Tipp** Einblick in die 4.000-jährige Geschichte bietet das Falknereimuseum im Schloss.

101 Der Kardinalsgarten
Hochzeitsbäume, Grabstätten und Liszt-Denkmal

»Was ist einer, was ist einer nicht? Ein Schattenstraumbild ist der Mensch.« – So steht es auf einer der Grabstätten geschrieben, die um das neugotische Mausoleum auf dem historischen Friedhof der Adelsfamilie Hohenlohe gruppiert sind. Erbaut 1891, wurde es 1901 die letzte Ruhestätte des Fürsten Chlodwig. Er war die bedeutendste Persönlichkeit der Herren zu Hohenlohe-Schillingsfürst: bayerischer Ministerpräsident (1866–1870) und Reichskanzler des Deutschen Kaiserreichs (1894–1900). Im Literaturmuseum Altaussee in Österreich ist eine briefliche Aussage an seinen Sohn überliefert, die ihn als treuliebenden Ehemann in Trauer um seine Frau Marie zeigt »Man lebt 51 Jahre glücklich und zufrieden und dann kommt der Riss, der alles zerstört …«. Was aus einer fernen Zeit herüberklingt, verhilft vielleicht den Paaren und ihren noch jung gepflanzten Ginkgobäume im neu angelegten Hochzeitswald zu ähnlichem Liebesglück.

Der Bruder des Fürsten Chlodwig war Gustav Adolf Prinz zu Hohenlohe-Schillingsfürst (1823–1896), Kurienkardinal und päpstlicher Kammerherr sowie Kreator des Kardinalsgartens. Großzügig liegt die Parkanlage zum Schloss hin, strategisch günstig lustwandelt man auf dem Verbindungsweg direkt am Schlosscafé mit seiner verlockenden Kuchentheke vorbei. Auf dem Spielplatz können die Kinder unter schattenspendenden alten Bäumen toben, und wer weit genug zum Rand der Wiesen läuft, wird mit einer wunderbaren Aussicht in die weite, die Schillingsfürster Höhe umgebende Landschaft belohnt. Das Leben des Kardinals lässt sich auf einer der Infotafeln nachlesen, ebenso die freundschaftliche Verbindung mit dem Musiker Franz Liszt, dessen Büste in Spielplatznähe zu finden ist.

Das Leben des einen Bruders war der Politik gewidmet, das des anderen der Kirche. Das Lebensende ist jedoch für alle gleich. Daran erinnert das ehrwürdige Mausoleum.

Adresse Am Wall 14, 91583 Schillingsfürst | **Anfahrt** A 7, Ausfahrt Wörnitz, nach Schillingsfürst, Parken am Wall, nahe Ludwig-Doerfler-Museum | **Tipp** Die Schafhofsteige führt hinunter zum Ortsteil Schafhof. Der letzte Hof Richtung Stilzendorf auf der rechten Seite ist der Helenenhof mit saisonalem Biergarten.

102 Der Karikaturist Haitzinger
Gesellschaftskritik mit Farbe und Humor

Es ist ein Schatzkästchen, dieses Ludwig-Doerfler-Museum im abgelegenen Schillingsfürst. Im Schatten eines beeindruckenden Schlosses gelegen, werden KünstlerInnen ausgestellt, die nicht selten der Gesellschaft einen Spiegel vorhalten. So wie der Karikaturist Horst Haitzinger.

Strichgenau und motivreich karikiert er mit seinen Farben und Zeichnungen politische Aussagen – und unterscheidet die vermeintlich schönen Botschaften scharf von dem, was sich tatsächlich dahinter verbirgt. Seine Werke, beginnend in den 1960er Jahren, bewegten schon damals Inhalte, die noch heute von erschreckender Realität sind. Ob Umweltgefährdung, politische Augenwischerei oder folgenschwere Gedankenlosigkeit im sozialen Umgang: Haitzinger trifft den wunden Punkt. Mitten in seinen fröhlich-bunten Bildern lässt er uns lauter schöne Kleinigkeiten entdecken, die nach und nach beunruhigende Zusammenhänge aufzeigen. Der unerwartete Realitätsbezug seiner Bilder lässt die Betrachter verwirrt und leicht beunruhigt zurück. Er wählt harmlose Überschriften für seine Werke, die mit spitzem Stift gezeichnet zu harten Tatsachen führen. Der in München lebende Österreicher Horst Haitzinger beobachtete nach seinem Kunststudium über viele Jahrzehnte das politische Geschehen mit feinem Humor und nutzte sein Können, um der Gesellschaft den Spiegel vorzuhalten.

Zahlreiche Preise und Auszeichnungen hat er für seine Werke erhalten, war gefragter Karikaturist für renommierte deutschsprachige Zeitungen im In- und Ausland. Von der Welt ins kleine Schillingsfürst? Der Zufall sorgte dafür, dass Ludwig Doerfler und Haitzinger Studienkollegen waren und zwei Sonderausstellungen in Schillingsfürst überaus erfolgreich besucht wurden. Auch wenn Haitzinger seit 2019 im Ruhestand ist und nun überwiegend Ölbilder malt, die Botschaft seiner Karikaturen verstummt nicht.

Adresse Neue Gasse 1, 91583 Schillingsfürst, Tel. 09868/5847, www.ludwig-doerfler-museum.de | **Anfahrt** A 7, Ausfahrt Wörnitz, nach Schillingsfürst, Parken am Wall | **Öffnungszeiten** April–Okt. Mi–So und feiertags 12–18 Uhr, Eintritt Erwachsene 4 Euro, bis 15 Jahre frei | **Tipp** Es werden Exkursionen zu den Malorten von Ludwig Doerfler angeboten. Anschließend Brotzeit mit Einkehr. Termine und Anmeldung im Info-Center Schillingsfürst, Tel. 09868/222.

103 Der Kräuterlehrgarten
Die Zwiebel am Ohr und das Kraut in der Suppe

Von einem hohen Lattenzaun umgeben und deswegen auch etwas aus dem Blickfeld geraten, liegt er wortwörtlich und im übertragenen Sinn im Schatten des Brunnenhausmuseums, an dessen Rückseite er angrenzt. Das kleine Tor lässt sich leicht öffnen, und die mit kleinen Holzstückchen verfüllten Wege bieten ein angenehm weiches Laufgefühl. Holzpfosten tragen tönerne Pflanzentöpfe, auf denen gut sichtbar die Namen der jeweiligen Kräuterpflanze zu lesen sind. Kurze Stichworte geben Hinweise auf ihre Verwendung.

So lässt sich die farbenfrohe Ringelblume als Tee und heilende Salbe einsetzen, das Seifenkraut dient nicht nur der äußeren Reinigung, sondern bringt auch bei Atemwegserkrankungen Linderung. Der Beinwell ist selbsterklärend, ebenso das Lungenkraut und der Frauenmantel. Wer mit Ruhe durch das Kräutergärtlein geht, findet durchaus noch einige Anregungen und Tipps zum Ausprobieren. Die in jedem Haushalt anzutreffende Gemüsezwiebel hilft bei Ohrenschmerzen, bei Wanderungen leistet Spitzwegerich bei kleinen Verletzungen und Stichen unkomplizierte Soforthilfe, und Rosmarin und Thymian eignen sich als duftende Würzkräuter. Die Blätter des hochwachsenden Liebstöckels sind im Volksmund auch als Maggikraut bekannt und verleihen den typischen Suppengeschmack.

Die Natur kann den Menschen bei vielen Erkrankungen helfen, wenn man ihre Gaben wertzuschätzen und richtig zu nutzen weiß. Wirkliche Genesung für Geist und Körper braucht jedoch Zeit, was heutzutage leider oft im Widerspruch zur scheinbar unabdingbar raschen Wirkung manch schnell eingenommener Mittel und Erzeugnisse steht. Die Natur lässt sich nicht drängen: Eine Heilpflanze braucht den für sie geeigneten Standort, um zu wachsen, sorgsame Pflege und eine Ernte zum richtigen Zeitpunkt.

Inmitten der Anlage zeigt eine kräftige Wildrose ihre Pracht: Im Sommer üppig blühend, lockt sie farbenprächtig die Besucher an.

Adresse Brunnenhausweg 25, 91583 Schillingsfürst, Tel. 09868/5889 | Anfahrt A 7, Ausfahrt Wörnitz, auf St 2246 an Schillingsfürst vorbei bis Ansbacher Straße, abbiegen in den Ort, am Wasserturm rechts in den Brunnenhausweg | Öffnungszeiten frei zugänglich | Tipp Außer einem Bienenstand und einer wunderbaren Aussicht liegt direkt daneben das Brunnenhausmuseum. Aktuelle Termine unter www.brunnenhausmuseum.de.

104 Die Malerin Waltraud Beck

Feministische Pionierin in Mittelfranken

Wer war diese Malerin, der seit 2004 im Ludwig-Doerfler-Museum ein eigener Raum gewidmet ist? Zumal ihre Bilder in diesem ländlichen, traditionellen Lebensumfeld eher ungewöhnlich wirken.

Waltraud Beck lebte von 1928 bis 2017 in Franken und war ihrer Umgebung um Jahre voraus. Ihre Bilder zeigen Göttinnen und Frauen, die irritierend, faszinierend, herausfordernd und gleichzeitig tief beeindruckend wirken. Die Kunst von Beck würdigt weibliche Frauengeschichte und zeigt eine tiefe Achtung vor der Unterschiedlichkeit von Frauenkörpern von der Frühzeit bis in die Gegenwart.

Dass Frauen so ins öffentliche Blickfeld gerieten, war in Mittelfranken damals höchst befremdlich. Die Impulse brachte die studierte Künstlerin aus München mit. Sie entdeckte in der prähistorischen Staatssammlung in München die archaische Formensprache weiblichen Figuren. Fasziniert von der zeitgeistunabhängigen Darstellung ließ sie sich berühren und transferierte die Eindrücke in ihre eigene künstlerische Entwicklung. Durch die denkbar unterschiedlichen Lebens- und Gedankenwelten zwischen München und ihrem Heimatort Ansbach dauerte es Jahre, bis die Themen der Frauenbewegung Mittelfranken erreichten und Becks Kunstwerke hier gezeigt und anerkannt wurden.

Künstlerisch zeigte Beck Mut und Ausdauer. Erst nach langer Familienpause lebte sie ihre Kreativität im eigenen Atelier nahe Ansbach aus. Mit der Frauenbewegung der 1970er Jahre entwickelte sich ein weiblicher Blick auf die Frauen unsichtbar machende Geschichtsschreibung, patriarchisch geprägten Gesellschaftsstrukturen und die weiblichen Wurzeln der Menschheitsgeschichte. All das beeinflusste Waltraud Becks künstlerische Entwicklung durch und durch. Sie startete Mitte der 1990er Jahre eine Ausstellungsreihe, die bis nach Hamburg führte.

Adresse Ludwig-Doerfler-Museum, Neue Gasse 1, 91583 Schillingsfürst, Tel. 09868/5847, www.ludwig-doerfler-museum.de | **Anfahrt** A 7, Ausfahrt Wörnitz, nach Schillingsfürst, Parken am Wall | **Öffnungszeiten** April–Okt. Mi–So und feiertags 12–18 Uhr, Eintritt Erwachsene 4 Euro, bis 15 Jahre frei | **Tipp** Vorab informieren, welche Sonderausstellungen aktuell laufen und die Werke welcher Künstler ausgestellt werden.

105 Das meisterliche Retabel
Vom Dachbodenfund zum Meisterwerk

Pfarrhäuser können echte Fundgruben sein. Ganz besonders der Dachboden eines Pfarrhauses. So geschehen 2002 in der katholischen Kirche im kleinen Schillingsfürst. Hier wurde unter einer tiefen Schmutz- und Staubschicht ein unbekanntes Riemenschneider-Kunstwerk entdeckt. Nach fünfjähriger Restauration ließ sich in einem Schnitz-Retabel aus Lindenholz die unverkennbare Handschrift des großen Meisters und seiner Werkstatt erkennen. Entstanden etwa um 1510, zeigt es die Auferstehung Christi.

Erstmals taucht es 1715 im Verzeichnis der Pfarrkirche und früheren Schlosskapelle der Grafen von Hohenlohe-Schillingsfürst auf. Vermutlich erhielt es die 1668 zum Katholizismus konvertierte Adelsfamilie vom Würzburger Klerus als Zeichen der Anerkennung für den Glaubensrichtungswechsel. Die Nachforschungen ergaben ein ursprünglich farbiges Werk, dessen Maltechnik und Farbverwendung die Vermutung der künstlerischen Herkunft untermauerten. Mit dem anerkannten Nachweis als geschnitztes Meisterstück durfte der letzte vom Gesamtrelief erhaltene Flügelteil den Dachboden verlassen und bekam seinen Platz in der Pfarrkirche.

Klein, aber fein – damit reiht sich Schillingsfürst ein in die Reihe der geschnitzten Altäre und Figuren von Tilman Riemenschneider entlang der Romantischen Straße. Er war einer der einflussreichsten, politisch aktivsten und künstlerisch beeindruckendsten Holzschnitzmeister seiner Zeit. Durch den häufigen Verzicht auf Farbe und seine meisterliche Schnitztechnik ließ er wie kein anderer Licht und Schatten im Zusammenspiel von Holz und Stein auf seine Figuren wirken und stimmte seine Werke auf den Ort ab, an dem sie platziert werden sollten.

Seine Freiheitsliebe wurde sein Verhängnis. Als Würzburger Ratsherr und Bürgermeister unterstützte Riemenschneider im Bauernkrieg 1525 die erfolglosen Aufständischen. 1531 starb er zermürbt von der Haft in Würzburg.

Adresse Katholische Kirche Kreuzerhöhung, Anton-Roth-Weg 8, 91583 Schillingsfürst, Tel. 09868/277 | Anfahrt A 7, Ausfahrt Wörnitz, nach Schillingsfürst, im Zentrum am Markt in den Kirchenweg abbiegen, Parken vor der Kirche | Öffnungszeiten Mo 8–13 Uhr, Di–So 8–18 Uhr, in der dunklen Jahreszeit bis Einbruch der Dämmerung | Tipp Meisterwerke sind in der Sankt-Jakobs-Kirche in Rothenburg und in Sankt Peter und Paul in Detwang zu sehen. In Detwang tanzen versteckte Harlekine im gemalten Rankenwerk. Berühmt ist der Marienaltar der Herrgottskirche nahe Creglingen.

SCHILLINGSFÜRST

106 — Das Museum der Fremdenlegion

Einziges Exil-Museum der französischen Kampftruppe

Was gibt es Schöneres, als auf der Terrasse des Schlosscafés im Schatten unter den Lindenbäumen zu sitzen? Die Gabel steckt im stachelig-schokoladigen Frankemer Stupfl. So gemütlich war es nicht immer. Am Eingang des Cafés verweist ein Schild auf die ungewöhnliche Vergangenheit: Hier war einst die erste Kaserne für die Soldaten der französischen Fremdenlegion untergebracht. Im Schloss erinnert daran eine Ausstellung.

Im Jahr 1789 brach die Französische Revolution aus, in Frankreich erhoben sich die unterdrückten Bauern gegen ihre feudalen Herrschaften und deren königliche Hofhaltung. Vor diesen Kämpfen flüchteten viele Adelige ins Ausland, unter anderem wurden sie auch in Schillingsfürst aufgenommen. Man blieb unter seinesgleichen. Gefördert durch Fürst Karl Albrecht, wurde die adelige Jugend im eigens für diese Zwecke errichteten Jesuitenkolleg in Französisch, Mathematik und Philosophie unterrichtet. Dann kamen bald Theater- und Opernaufführungen hinzu, und letztendlich anverwandelte sich das Exil dem Leben, wie man es aus dem feudalen Frankreich gewohnt war. Das Schillingsfürster Schloss mit seinen herrschaftlichen Räumen bot dafür einen wunderbaren Rahmen. Beim Zusammentreffen während der großen Gesellschaften wurde der Wunsch geweckt, sich die Macht in Frankreich zurückzuholen und die überaus attraktiven, adelig-feudalen Pfründe zu sichern. So wurde 1792 die »Legion Mirabeau« als Vorgängerin der heutigen Fremdenlegion gegründet.

Jungbauern wurden rekrutiert und militärisch gedrillt, um für die Exil-Royalisten zu kämpfen. Untergebracht waren sie in einer Kaserne. Dieses hohenlohische Truppenkorps mit zweimal zweitausend Soldaten ging 1831 in der Fremdenlegion auf. Der »Wiege der französischen Fremdenlegion« zu Ehren wurde im Jahr 2015 im Schloss dieses einzigartige Museum cröffnet.

Adresse Museum der Französischen Fremdenlegion Schloss Schillingsfürst, Am Wall 14, 91583 Schillingsfürst, www.schloss-schillingsfuerst.de, Tel. 09868/812 | **Anfahrt** A 7, Ausfahrt Wörnitz, nach Schillingsfürst, Parken am Wall, nahe Ludwig-Doerfler-Museum, Fußweg zum Schloss | **Öffnungszeiten** April–Okt. Di–So 12–17 Uhr, Führungen um 12, 14 und 16 Uhr | **Tipp** Das aktuelle Wappen der heutigen Fremdenlegion, die siebenflammige Granate, geht zurück auf das einst in Hohenlohe gegründete Regiment.

107 Der Stupfler
Ein Denkmal für den Igeljäger

Auch wenn sie mitten auf dem Marktplatz steht, ein Blickfang ist die Statue erst auf den zweiten Blick. Dieses kompakte, kräftige Männchen mit seinem dicken quadratischen Kopf würde in der heutigen Zeit garantiert keinen Schönheitswettbewerb gewinnen. Dass die Schillingsfürster ihm – dem Stupfler – den Ehrenplatz am Marktplatz zugestehen, zeugt dann doch von feinem Humor und Bewusstsein der eigenen Geschichte.

Den Stupfler gab es tatsächlich. In einer landwirtschaftlich geprägten Region durchlebte man früher harte Jahre, in denen Hunger und Armut in der Bevölkerung herrschten. Damals galt – Achtung! – ein Igelbraten als Delikatesse: »Das Fleisch zwei Stunden lang kochen. Die Brühe ist die Basis für eine Igelsuppe mit Nudeln. Das Fleisch in einer Pfanne knusprig anbraten … Als Beilagen eignen sich Blattsalat, Kartoffelsalat oder selbst gemachte Nudeln.« Jetzt hat man mit dem Igelchen auf dem Sockel doch etwas mehr Mitgefühl. Der letzte Stupfler war übrigens bis in die 1970er Jahre aktiv auf Igeljagd.

Im unteren Teil des Gedenksteins geht es um den Ort Schillingsfürst selbst. Beginnend um 500 bis ins Jahr 1993 wird in wenigen Motiven die Stadtgeschichte kurz und knackig erzählt. Ein mächtiges Gebäude, umgeben von tanzenden Flammen, kombiniert mit drei Jahreszahlen, verweist eindeutig auf zerstörerische Feuerbrände. Die Darstellung eines Sämanns mit einem Ährenbüschel zeigt die landwirtschaftliche Bedeutung für den Wohlstand und die Entwicklung der Stadt, deren Wappen und das Stadterhebungsjahr 1960 ebenfalls verewigt sind.

Schillingsfürst hält den notleidenden Stupfler in Ehren und lässt ihn im Frankemer Fasching und der Kirchweih alljährlich humorvoll zu neuem Leben erwachen. Heute würde kein Schillingsfürster Gasthaus mehr einen Igel auf seine Speisekarte setzen, manchmal kann man jedoch fröhliche Igelkuchen in der Bäckerauslage entdecken.

Adresse Denkmal am Markt, 91583 Schillingsfürst | Anfahrt A7, Ausfahrt Wörnitz, nach Schillingsfürst, ins Zentrum bis zum Marktplatz fahren | Öffnungszeiten frei zugängig | Tipp Frankemer Stupfl gibt's als süße Souvenirs im Schlosscafé, Am Wall 10. Überliefertes Wissen ist im Jenisch-Museum im Ludwig-Doerfler-Haus, Neue Gasse 1, 91583 Schillingsfürst, www.jenisch-museum.de, zusammengetragen.

108 Der Wasserturm
Ein Leuchtturm als Wasserreservoir

Wasser ist kostbar. Für einen auf der Höhe gelegenen Ort wie Schillingsfürst ganz besonders. Um 1700 ließ der damalige Graf Hohenlohe ein eigenes Pumpwerk errichten, das heute im Brunnenhausmuseum zu besichtigen ist. Zu Beginn des 19. Jahrhunderts wurde das Wasser wieder knapp, da eine Brauerei neben dem Gutshof errichtet wurde. Es entstand ein zweites Wasserpumpwerk, der Gärtnersturm. Da in erster Linie jedoch Schloss, Gutshof und Gärtnerei mit Wasser versorgt wurden, blieb für die restlichen Ortsbewohner wenig übrig. Jeder Hof musste mit seinem eigenen Brunnen zurechtkommen. Das änderte sich erst 1902, als mit dem neuen Wasserturm endlich eine zuverlässige Versorgung gewährleistet war. Golden steht die Zahl über der hohen Eingangstür.

Auch wenn der Turm heute nicht mehr in Betrieb ist, ist er doch rein optisch Blickfang und Wahrzeichen von Schillingsfürst. Markant in seiner rot-weißen Erscheinung und doch elegant im wilhelminischen Leuchtturmstil errichtet, strahlt er eine harmonische Dominanz aus. So lässt sich nachbarschaftlich gut mit ihm leben. Erst kürzlich erfolgte eine Generalsanierung.

Wer an den Besichtigungstagen die Wendeltreppe im Innern des Turms hinaufsteigt, erlebt die Wassergeschichte Schillingsfürsts auf künstlerische Weise. 79 Stufen lang motivieren die Motive des französischen Malers Michel Leroux, bis die oberste Plattform erreicht ist und man mit einem supertollen Rundumblick belohnt wird.

Bemerkenswert auch die Baumaßnahmen. Da kaum Maschinen eingesetzt wurden, war die Zahl der Arbeiter entsprechend hoch, die Zahl von 42 tatkräftigen Männern ist überliefert. Die Sockelsteine aus Muschelkalk wurden extra geliefert und erst an Ort und Stelle von Steinmetzen behauen. Je nach Wetterlage ging der Turmbau voran und in die Höhe. Den Abschluss bildete damals wie heute die interessante Laterne als Spitze gen Himmel.

Adresse Kreuzung Ansbacher/Stilzendorfer Straße, 91583 Schillingsfürst | **Anfahrt** A 7, Ausfahrt Wörnitz, auf St 2246 an Schillingsfürst vorbei bis Ansbacher Straße, abbiegen in den Ort und bis zum Wasserturm | **Tipp** Die altehrwürdige Eiche hinter dem Turm wurde 1899 gepflanzt und markierte die bauliche Stadtgrenze. Infos zur Besichtigung des Wasserturms im Touristikcenter Schillingsfürst, Tel. 09868/222.

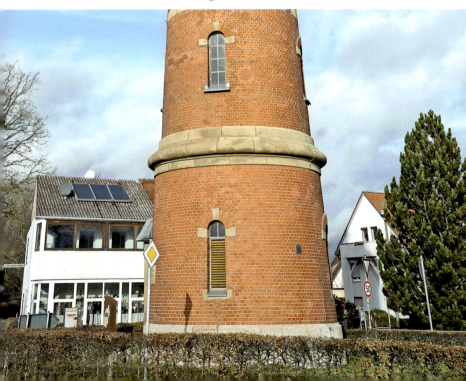

109 Die Wörnitzquelle

Zielstrebig: 132 Wasserkilometer bis zur Donau

Kaum zu glauben, dass aus diesem zarten Geplätscher einmal ein zünftiger Bach werden soll. Dies ist tatsächlich die gefasste Quelle der Wörnitz, die im Sommer den Radlern vom Wörnitz-Radweg eine Pause bietet. Es ist ein schöner, einladender Platz, ohne viel überflüssiges Drumherum. Direkt an der Straße und damit leicht zu finden, gestaltet als minikleine Parkanlage mit kleinen Sträuchern und Rasenfläche, gemütlichen Ruhebänken und einigen Bäumen.

So gemütlich, wie das Wasser zu nettem Nachbar- oder Radlergeplauder plätschert, so entspannt bleibt die Wörnitz mit ihrem Wasserfluss bis hin zur Donau. Immerhin 132 Flusskilometer legt sie auf diese Art zurück. Kontinuierlich in südliche Richtung. Viele Orte, an denen sie vorbeimäandert, haben Flussschwimmbäder angelegt oder einfache Badestrände, die im Sommer eine beliebte Alternative zu verchlorten Schwimmbädern darstellen. Algen, Wasserschwimmteilchen, Fische, Blutegel und Stechmücken gibt es beim Wasservergnügen gratis dazu.

Ein größerer Zustrom von Nebenflüsschen erfolgt in Wittelshofen. Im Biergarten des dortigen Gasthofs schäumt nicht nur das Bier, sondern auch die Schaumkronen auf der Wörnitz. Danach wird es wieder gemütlich in der Auenlandschaft. Vorbei am Flussbad Wassertrüdingen, dem am Hahnenkamm gelegenen Auhausen mit seiner wunderbar archaisch anmutenden doppeltürmigen Klosterkirche und dem Wörnitzbrunnen geht es weiter ins Nördlinger Ries an Öttingen vorbei. Mit ihrem Dahinschlängeln zaubert sie wunderschöne Wiesenauen mit einer reichen Vielfalt an Pflanzen und tierischen Wasserbewohnern. Angler lieben die Wörnitz, die mit seinem Fischreichtum das geduldige Warten belohnt. Zahlreiche Mühlen werden oder wurden früher von ihrem Wasser angetrieben. Heut schlängelt sich das Wörnitzwasser in Teichanlagen durch die Fischzuchtbecken und bietet Karpfen und Forellen ein Zuhause auf Zeit.

Adresse Kreuzung Dombühler Straße/Hirtengässchen am Wörnitz-Radwanderweg, 91583 Schillingsfürst | **Anfahrt** A 7, Abfahrt Wörnitz, nach Schillingsfürst, am Ortseingang in die Dombühler Straße, der Ausschilderung zur Quelle folgen | **Tipp** Dem Hirtengässchen ins Wohngebiet folgen. Rechts lässt sich die Laderampe des früheren Kopfbahnhofs erkennen. Am Ende des Wegs gibt es eine schöne Kneippanlage mit Sitzbänken.

110 Das Kunstatelier
Lass Kunst in dein Leben und gib ihr Raum!

»Hier verwendete ich Plakate aus Berlin und alles was ich auf den Straßen so fand«, steht unter einer Acryl-Mixed-Media-Collage aus der Serie »Upcycling«. Eine wunderbar leicht und absichtslos klingende Bilderklärung, die gleichzeitig die kreative Energie der Künstlerin ausdrückt. Experimentierfreudig arbeitet Birgit Huber mit allen Materialien, die ihr in die Hände fallen. Ob Holz, Stahl, Papier oder Leinwände – verschiedene Untergründe fordern zum Ausprobieren neuer Techniken heraus und lassen die Farbtöne in unterschiedlichen Schattierungen hervortreten. Harmlose Kaffeepads verwandeln sich in Kunstobjekte und treffen sich nach Gebrauch in einer harmonischen Collage wieder. In ein unbestimmtes Werden schickt Birgit Huber ihre Werke, wenn sie mit Oxidation experimentiert und der Zufallsentfaltung freien Lauf lässt.

Birgit Huber hat sich ganz und gar auf die Kunst eingelassen. In bemerkenswerter Konsequenz, inspiriert durch eine Urlaubserfahrung voller Freiheit und Abenteuer, hat sie die berufliche Sicherheit hinter sich gelassen und ihr Atelier eröffnet. Ihre Werkstatt steht in Greiselbach, einem von vielen kleinen fränkischen Orten, an denen man schnell vorbeigefahren ist und dabei das Wichtigste übersieht. Im Garten steht bunt-fröhliche Outdoor-Kunst und im Kunstobjekte-Häuschen befindet sich eine jahreszeitliche und vielfältige Ausstellung, die von der Experimentierfreude der letzten Monate und Ereignisse erzählt.

Immer wieder finden sich Frauengestalten in den Bildern der Künstlerin, ausdrucksstark und würdevoll. Stets in Gemeinschaft und häufig in Blickkontakt mit dem Bildbetrachter. Es ist eine Offenheit, die sich sowohl in der Persönlichkeit der Künstlerin als auch ihrer Neugier auf das Leben widerspiegelt.

Kunst in den Alltag bringen und die Welt ein bisschen schöner machen – mit dieser Überzeugung ist die vielseitige Künstlerin unterwegs.

Adresse Kunstatelier befluegelt, Greiselbach 22, 91634 Wilburgstetten, Tel. 09853/272, www.kunstatelierbefluegelt.de | **Anfahrt** von Dinkelsbühl B 25 Richtung Wilburgstetten/Nördlingen, hinter Wilburgstetten nach Greiselbach abfahren | **Öffnungszeiten** Kurse und Termine: bitte anfragen | **Tipp** Nur etwa zehn Kilometer entfernt liegt das Limeseum für Römerfans. Limeseum und Römerpark Ruffenhofen, Römerpark Ruffenhofen 1, 91749 Wittelshofen.

111 Die Holzkamm-Manufaktur

Mit 20 Handgriffen zu 100 Bürstenstrichen

Wer auf dem Altmühlradweg nahe Rothenburg im kleinen Ort Windelsbach unterwegs ist, kann ein ungewöhnliches, lang gezogenes Holzgebäude entdecken, dessen senkrechte Holzlatten einen Kamm mit unterschiedlichen Zahnstärken darstellen. Hier entstehen echte, handgearbeitete Kämme aus einer der letzten Holzkammmacher-Werkstätten. Im fein und übersichtlich sortierten Verkaufsladen gibt es eine große Auswahl an Fingerbürstchen, Handbürsten, Bartbürsten und -kämmen, Haarpinseln, großen und kleinen Kämmen mit dicken und dünnen Zinken oder sich in die Hand schmiegende kräftige Haarpflegebürsten. Wer dachte, Haar sei gleich Haar, kann hier in eine haarige Exkursion einsteigen und sich sein persönliches, perfekt zur eigenen Mähne passendes Haarbändigungsgerät aussuchen.

Schon seit 1848 lebten die Vorfahren der Familie Kost in Nürnberg als Kammmacher. Holz, Horn und später Kunststoff wurden dabei als Material verarbeitet. In den 1960er Jahren, nachdem die überall erhältlichen Kunststoffkämme die Haare statisch in alle Richtungen abstehen ließen, besann sich der Großvater als erfahrener Kammmachermeister wieder auf das Handwerk in eigener Werkstatt. Die Nachfrage nach Holz- und Naturprodukten stieg, als in den 1980er Jahren das ökologische Bewusstsein erwachte. Seitdem liegt der Schwerpunkt der kleinen Produktion rein auf heimischem Naturmaterial. Holz gibt es reichlich in Franken, harte und feinstrukturierte Hölzer wie Ahorn, Birne oder Kirsche sind wunderbar als Rohmaterial geeignet. Nachhaltig- und Langlebigkeit sind die Markenzeichen der Holzkämme, die wunderbar anschmiegsam in der Hand liegen und optisch einfach nur schön mit ihrer Holzstruktur erfreuen.

Die Werkstatt liegt nur wenige Schritte entfernt über den Hof. Hier beginnt der Lebensweg eines Kamms über zwanzig Produktionsschritte in konzentrierter Handarbeit bis zum fertigen Produkt.

Adresse Rothenburger Straße 7, 91635 Windelsbach, Tel. 09867/94939, www.kostkamm.de | Anfahrt A 7, Ausfahrt Rothenburg ob der Tauber, St 2250 Richtung Colmberg, in Höhe von Geslau abbiegen nach Windelsbach, dort rechts in die Rothenburger Straße | Öffnungszeiten Ladengeschäft kostbar: Mo – Fr 8 – 15 Uhr | Tipp Über die Gartenstraße Richtung Nordenberg kommt man zum Biergarten Nepermuk, Am Waldschwimmbad 1, 91635 Windelsbach, mit Naturbad, Barfuß- und Naturerlebnispfad sowie Zeltplatz.

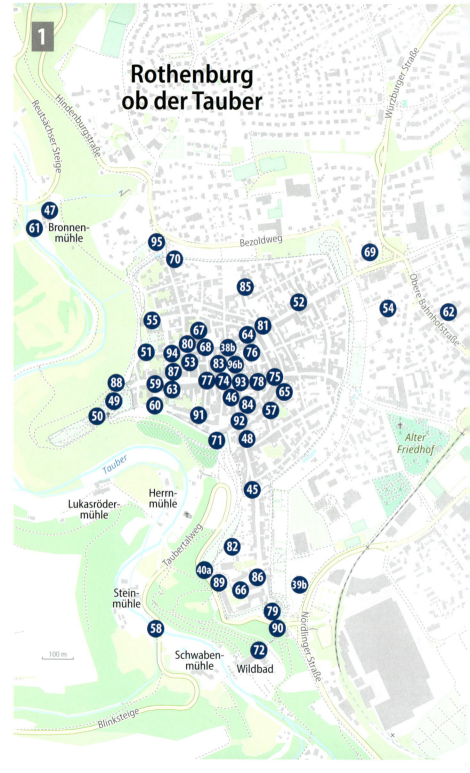

Kerstin Söder
111 Orte im Fränkischen Seenland, die man gesehen haben muss
ISBN 978-3-7408-1072-6

Reiner Vogel
111 Orte in Niederbayern, die man gesehen haben muss
ISBN 978-3-7408-2198-2

Dietmar Bruckner, Jo Seuß
111 Orte in Nürnberg, die man gesehen haben muss
ISBN 978-3-7408-2177-7

Cornelia Ziegler
111 Orte im Allgäu, die man gesehen haben muss
ISBN 978-3-7408-2128-9

Richard Auer, Gerhard von Kapff
111 Orte im Altmühltal und in Ingolstadt, die man gesehen haben muss
ISBN 978-3-7408-2047-3

Rüdiger Liedtke
111 Orte in München, die man gesehen haben muss, Band 1
ISBN 978-3-7408-2126-5

Dorothea Steinbacher
111 Orte im Chiemgau, die man gesehen haben muss
ISBN 978-3-7408-2046-6

Harry Luck, Norbert Jung
111 Orte im und am Bamberger Dom, die man gesehen haben muss
ISBN 978-3-7408-1746-6

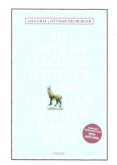

Lisa Graf-Riemann, Ottmar Neuburger
111 Orte im Berchtesgadener Land, die man gesehen haben muss
ISBN 978-3-7408-1803-6

Tim Frühling
111 Orte in der Rhön, die man gesehen haben muss
ISBN 978-3-7408-1998-9

Annabelle Fagner
111 Orte im Loisachtal, die man gesehen haben muss
ISBN 978-3-7408-1683-4

Jo Seuß
111 Orte rund um Nürnberg, die man gesehen haben muss
ISBN 978-3-7408-1730-5

Leonhard F. Seidl
111 Orte in der Frankenhöhe, die man gesehen haben muss
ISBN 978-3-7408-1230-0

Ranka Keser
111 Orte in der Hallertau, die man gesehen haben muss
ISBN 978-3-7408-1379-6

Martin Droschke
111 fränkische Biergärten, die man gesehen haben muss
ISBN 978-3-7408-1956-9

Martin Droschke, Norbert Krines
111 Fränkische Biere, die man getrunken haben muss
ISBN 978-3-7408-1835-7

Gregor Nagler
111 Orte in Augsburg, die man gesehen haben muss
ISBN 978-3-7408-1782-4

Michael Horling
111 Orte in und um Schweinfurt, die man gesehen haben muss
ISBN 978-3-7408-1302-4

Martin Droschke
111 Kirchen in der Oberpfalz, die man gesehen haben muss
ISBN 978-3-7408-1629-2

Jochen Reiss
111 Orte im Fünfseenland, die man gesehen haben muss
ISBN 978-3-7408-1777-0

Astrid Süßmuth
111 Almen und Hütten in Oberbayern, die man gesehen haben muss
ISBN 978-3-7408-1751-0

Martin Droschke
111 Kirchen in Franken, die man gesehen haben muss
ISBN 978-3-7408-1468-7

Dorothea Steinbacher
111 Orte im Chiemgau und im Rupertiwinkel, die man gesehen haben muss
ISBN 978-3-7408-1654-4

Sonja Silberhorn
111 Orte in und um Amberg, die man gesehen haben muss
ISBN 978-3-7408-1463-2

Christian Gehl
111 Badeplätze in und um München, die man kennen muss
ISBN 978-3-7408-1423-6

Dorothea Steinbacher
111 Wallfahrtsorte in Oberbayern, die man gesehen haben muss
ISBN 978-3-7408-1284-3

Tim Frühling
111 Orte an Main und Kinzig, die man gesehen haben muss
ISBN 978-3-7408-1345-1

Christoph Schrahe,
Stefan Herbke, Thomas Biersack
**111 Skipisten, die man
gefahren sein muss**
ISBN 978-3-7408-1600-1

Bernhard Horsinka,
Renate Bugyi-Ollert
**111 Orte in und um Würzburg
die man gesehen haben muss**
ISBN 978-3-7408-1343-7

Dietmar Bruckner,
Michaela Moritz
**111 Orte in der Fränkischen
Schweiz, die man gesehen
haben muss**
ISBN 978-3-7408-1089-4

Martin Droschke
**111 Biere aus Altbayern und
Bayerisch-Schwaben, die man
getrunken haben muss**
ISBN 978-3-7408-1069-6

Erwin Ulmer
**111 Orte in Oberschwaben,
die man gesehen haben muss**
ISBN 978-3-7408-0860-0

Christine Hochreiter
**111 Orte in und um Passau,
die man gesehen haben muss**
ISBN 978-3-7408-0733-7

Bernd Schinner
**111 Orte im Fichtelgebirge,
die man gesehen haben muss**
ISBN 978-3-7408-0741-2

Jo Seuss
**111 Orte in Fürth & Erlangen,
die man gesehen haben muss**
ISBN 978-3-7408-0724-5

Eva Kroetz
**111 Orte im Oberpfälzer Wald,
die man gesehen haben muss**
ISBN 978-3-7408-0331-5

Kerstin Söder ist freie Journalistin. Mit der Begeisterung für Tiere, Natur und Geschichten ist sie als Autorin in Franken auf Entdeckungsreise. Außerdem ist sie als Dozentin der Deutschen Sprache beschäftigt.

Heinz Wraneschitz, geboren 1958 in Lichtenberg/Ofr., studierter Energietechnik-Ingenieur, arbeitet als Bild- und Text-Journalist für Tageszeitungen, Wochen-, Fachzeitschriften sowie online.